第七辑

皮　肤

［法］奥德蕾·吉耶/著

［法］艾米丽·维德卢/绘

唐　波/译

上海文化出版社

皮肤的作用
是什么？
第4-5页

皮肤是
由什么组成的？
第6-7页

为什么爷爷的皮肤
有皱纹？
第8-9页

皮肤的
寿命有多长？
第16-17页

皮肤是
怎么自我修复的？
第18-19页

每个人都有痣吗？
第24-25页

我们是
怎么被晒伤的？
第26-27页

为什么
我们会出汗？
第28-29页

皮肤是如何感受到外界刺激的？
第10-11页

为什么我感到不自在时会脸红？
第12-13页

皮肤会生病吗？
第14-15页

为什么我们的肤色不一样？
第20-21页

什么是种族主义？
第22-23页

洗澡很重要吗？
第30-31页

什么是文身？
第32-33页

动物的皮肤是什么样的？
第34-35页

皮肤的**作用**是什么❓

皮肤是你身体的包裹物，是人体对抗外界的**保护屏障**。它的作用是抵御寒冷、炎热，阻止有害物和微生物入侵你的身体。此外，它还可以防止体内的水分和血液流失。

多亏了皮肤，你的身体内部的**温度**才能维持在37℃左右。皮肤中的感受器能感知外界的温度，大脑接收到这些信息后，可以通过血管的舒张和收缩来给你的身体升温或降温。

你的皮肤无时无刻不在与大脑**交流**。它向大脑发送许多与外界环境相关的信息，并不断地将它感受到的一切传给大脑。

雅斯米娜餐馆

早餐面包

皮肤可以赋予每个人独特的**外表**。通过观察皮肤，我们还可以试着猜猜一个人的年龄或情绪。

皮肤是由什么组成的 ❓

　　和肺、心脏、大脑一样，皮肤也是人体的一个器官。它是由构成所有生物体的最基本单位——**细胞**组成的。皮肤的成分中有70%是水。

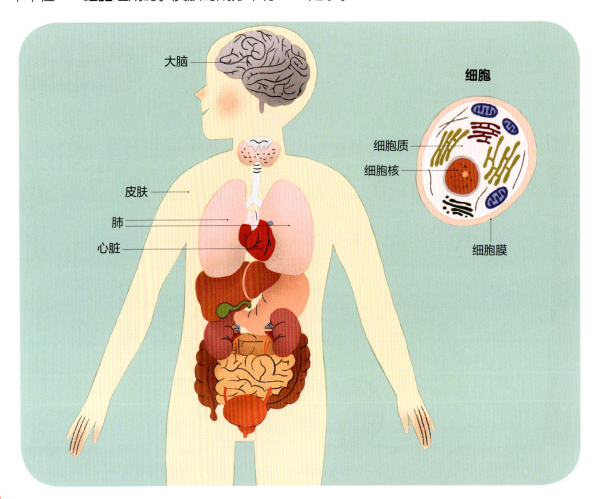

大脑

细胞

皮肤

肺

心脏

细胞质

细胞核

细胞膜

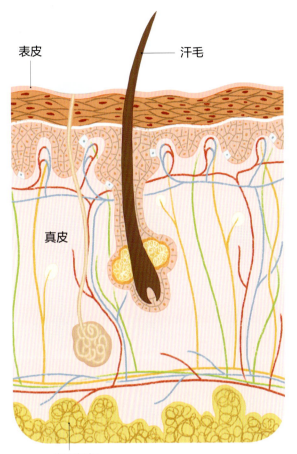

表皮

汗毛

真皮

皮下组织

皮肤是人体最大、最重的器官。一个成年人的皮肤面积约为2平方米，重量约占体重的15%。皮肤的厚度根据身体部位的不同而有所变化。手掌和脚掌的皮肤最厚，眼睑周围和嘴唇的皮肤最薄。

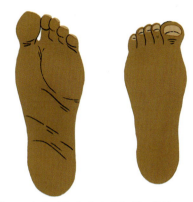

指甲主要是由角蛋白构成的，角蛋白是一种蛋白质，我们也能在头发中找到它。当指甲与它覆盖的皮肤接触时，因为血管丰富，而呈粉红色。当指甲不再与皮肤接触时，会呈现出白色。

皮肤由**三层**构成。我们所看到的是表皮层，它含有决定皮肤颜色的细胞——黑素细胞。表皮层下面是真皮层，汗毛和头发就在这一层生根。最深处的是皮下组织，这一层是有血管通过的脂肪层。

为什么爷爷的皮肤有皱纹？

玛戈轻轻抚摸着妹妹光滑的脸颊。小宝宝的皮肤中含有很多蛋白质，因此他们的皮肤**柔软且富有弹性**。随着年龄的增长，人体所产生的这种蛋白质会越来越少。

玛戈的表哥十几岁了，他的脸上长了一些**粉刺**。青春期荷尔蒙会导致人体产生过多的皮脂——一种能保护皮肤的油性液体。但过多的皮脂会堵住皮肤上的细小孔洞——毛孔，使皮肤长出粉刺。

玛戈的爷爷脸上有一些**皱纹**。他的皮肤会因为脸部表情的变化而皱起，但皮肤没有足够的弹性使其恢复原始状态。如果人们抽烟或者不注意防晒，那么皮肤就会衰老得更快。

为什么手指在水里泡久了会起皱？

指尖的皮肤很薄，并且表面没有起保护作用的皮脂覆盖。如果你在水中待的时间过长，手上的皮肤就会吸水并膨胀，形成皱褶。一旦你把手指从水里拿出，水会快速蒸发，你的皮肤会再次绷紧。

皮肤是如何感受到外界刺激的

你是通过五种感觉来感知外部世界的：视觉、听觉、嗅觉、味觉和触觉。皮肤是最主要的触觉器官。而触觉是生存唯一不可缺少的感觉。

皮肤的三层组织中含有数百万个**神经末梢**。多亏了它们，你才能感受到振动、击打、爱抚和疼痛。

覆盖在**手和手指**上的皮肤是皮肤最敏感的部位，这些部位分布着更多的触觉感受器。

当你踩到一个尖尖的物体时，它会刺痛你。皮肤中的感受器会将这一**信息**发送给你的大脑，你很快会把脚拿开。当爸爸给你一个安慰的拥抱时，你的皮肤会告诉大脑危险已经过去了。

为什么我感到不自在时会脸红❓

当你感受到一种强烈的情绪时，心跳速度会加快。这会使你身体里的**血液**流通得更快。在这种压力下，皮肤里的血管会扩张，脸也会变红。

皮肤是**情绪**的信使。有时候，当一个人感到不安时，他的手会出汗。皮肤的这些迹象将他的感受告诉了其他人。

看到一条狗跑来时，菲利克斯很害怕，脸色变得**苍白**。这是因为他的血管将大部分血液带到了他的肌肉中，以便他做出逃跑反应，他的皮肤则由于缺少血液而变得苍白。

当你紧张时，一些红色的痘痘或斑点可能会出现在身体的不同部位。那些让你感到烦恼的事也会体现在你的皮肤上。

皮肤会生病吗？

和其他器官一样，皮肤也会**生病**。皮肤的疾病可能是由病毒或感染引起的。水痘、真菌感染、疣（yóu）都属于这类皮肤疾病。

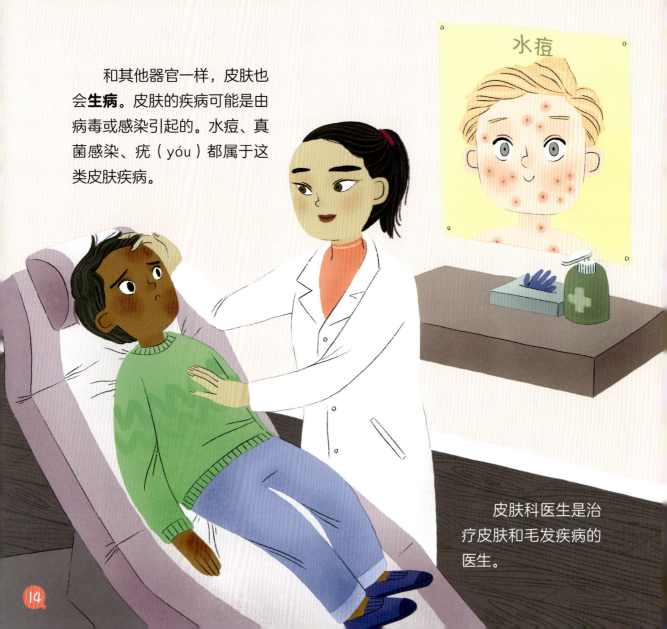

水痘

皮肤科医生是治疗皮肤和毛发疾病的医生。

发烧时，你的皮肤会发烫，有时候还会变红。
你的体内发生了什么，会很直观地显示在皮肤上。

虱子

为什么虱子会让人发痒？

　　虱子是一种很小的昆虫，它们会寄生在你的皮肤上并吸食你的血液。叮咬你时，虱子会向你的皮肤注入唾液，以防止血液凝固。正是这种唾液让你产生了瘙痒感。

15

皮肤的寿命有多长❓

皮肤的表皮细胞最多可以存活4～6周。由于皮肤是与外界直接接触的器官，所以很容易受到损伤。因此，皮肤需要经常自我更新。

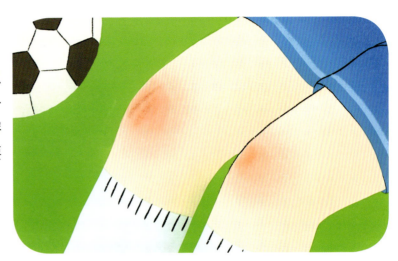

表皮细胞

表皮细胞是在表皮层的底部产生的。这些细胞会不断增殖。新生的细胞比较饱满，它们会将衰老的细胞向皮肤表面推。越接近皮肤表面，细胞会变得越扁平。

头发和指甲的生长速度很快。手指甲每个月大约会长3毫米。而趾甲的生长速度约是手指甲的一半。

死皮细胞会自然地从身体脱落。一个人每天大约会损失100万个皮肤细胞。这些细胞构成了室内灰尘的一部分。

皮肤是怎么自我修复的？

卡米耶从自行车上摔了下来，膝盖处的皮肤在流血。为了防止微生物从伤口进入身体，妈妈给她的伤口消了毒并敷上了**绷带**。在古埃及，人们已经会用植物、蜂蜜或新鲜的肉覆盖伤口来保护它们了。

由于伤口很浅，卡米耶的皮肤自行**愈合**了。一些血液细胞硬化后形成一个保护壳——痂。在痂下面，伤口处残存的灰尘和小石子被清理，取而代之的是满满的新的皮肤细胞。

卡米耶的妈妈被刀割伤了。由于伤口很深，医生需要给她缝针。医生用针和线将皮肤**缝合**起来，以使伤口闭合。伤口愈合后留下的痕迹叫作疤痕。

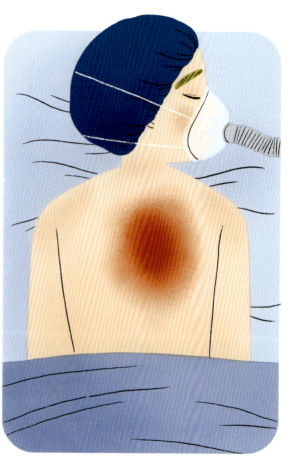

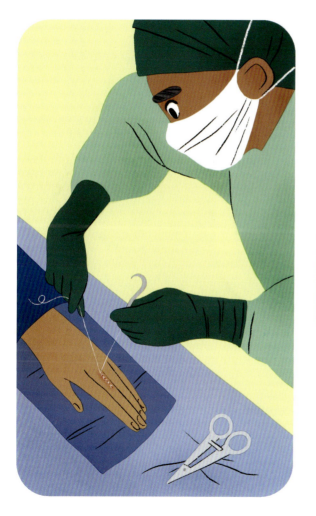

烧伤严重的人可以接受皮肤**移植**。医生可以用从他身体其他部位取下来的健康皮肤，也可以用实验室培育的人造皮肤给他做手术，覆盖受伤的部位。

为什么我们的**肤色**不一样？

你的皮肤里含有**黑色素**，这是一种赋予皮肤颜色的棕色色素。肤色因黑色素的数量而异，黑色素越多，皮肤的颜色就越深。不同的肤色其实是深浅不一的棕色。

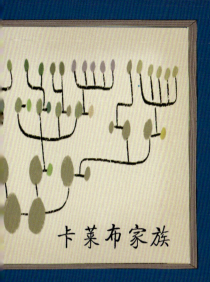

卡莱布家族

250万年前，人类共同的祖先生活在非洲，他们拥有黑色的皮肤。黑色素能够保护他们免受阳光的伤害。后来，有些人迁徙到阳光照射没那么充足的大陆。慢慢地，他们皮肤的颜色变浅了。人类的肤色**适应**了他们所在地的气候。

一个孩子的肤色是他的父母以及祖先肤色的混合色。阿梅是**混血儿**，她的父母有着不同的肤色。

白化病是什么意思

白化病患者的皮肤和头发是白色的，因为他们的身体不能合成黑色素。这种基因异常迫使患者要最大限度地保护自己免受太阳的照射。

什么是种族主义？

在过去的几个世纪里，一些来自欧洲、中东和北非的人奴役着一些出生于非洲中部和南部的人。正是种族主义导致了这种**统治**的发生。

白种人　红种人　黄种人　黑种人

19世纪，欧洲学者根据肤色将人类分为几个"人种"。一些学者声称，有些人种是**优越**的，另一些人种则是**劣等**的。他们将白种人排在了这一名单的首位。

科学已经证明**人种是不存在的**。皮肤的颜色有上百万种，但人类只有一种：智人。

在法国，法律禁止种族主义的言论和行为。因一个人的肤色而拒绝为其提供工作或住房是一种**违法行为**。一些组织还会与不遵守法律的人作斗争。

每个人都有痣吗？

所有人都有痣。痣是一些产生黑色素的细胞在局部聚集而成的。每个人身上或多或少都有痣。

蒂莫泰和姐姐都跟他们的妈妈一样长着雀斑。但是他们两个又有着各自独特的印记——蒂莫泰的肚子上有水痘痕迹，而他姐姐的肘部有一个胎记。

你手指末端的那些皮肤纹路就是你的指纹。它们是独一无二的。世界上没有一个人的指纹和你的一样。

你的皮肤还有一种很独特的**气味**。这种气味取决于生活在皮肤上的那些看不见的细菌。通过回收处理你的汗液和死去的细胞，这些细菌会产生气味。

我们是怎么被晒伤的❓

在海边度过一天后，你会被晒黑。因为在太阳光的作用下，你的皮肤细胞产生了更多的**黑色素**，这对保护皮肤不被太阳晒伤有一定作用。

在海滩上，罗宾戴着帽子，穿着T恤，还戴着一副太阳镜。奶奶会时不时地给他涂抹防晒霜。为了避开最热的时间段，他们会在早上或者傍晚时分去海滩。

如果被晒伤了，你的皮肤会变红，并且有疼痛感。皮肤甚至会肿胀、起泡，这是**灼伤**。出现这种情况，你需要涂抹药膏来进行治疗。如果长年暴露在阳光下，皮肤会衰老得更快。

寒冷也会灼伤皮肤吗？

　　皮肤如果长时间接触非常冷的东西，就会结冰。冰晶在皮肤细胞内形成后，会导致细胞死亡。冰晶融化时，冻伤的地方会产生水泡，就像灼伤一样。

为什么我们会出汗？

天气很热或运动时，你的体温会升高。为了让身体**变得凉爽**，你就会出汗。这是一种自然机制，让你可以控制自己的体温。

在你的皮肤内部，有一些细小的腺体，它们会产生**汗水**，汗水会从皮肤的毛孔里流出来。汗水蒸发时会冷却你的皮肤。一个人每天会流失半升到一升的汗水。

和动物不同，你的皮肤不足以让你抵御寒冷。因此，你需要穿衣服。

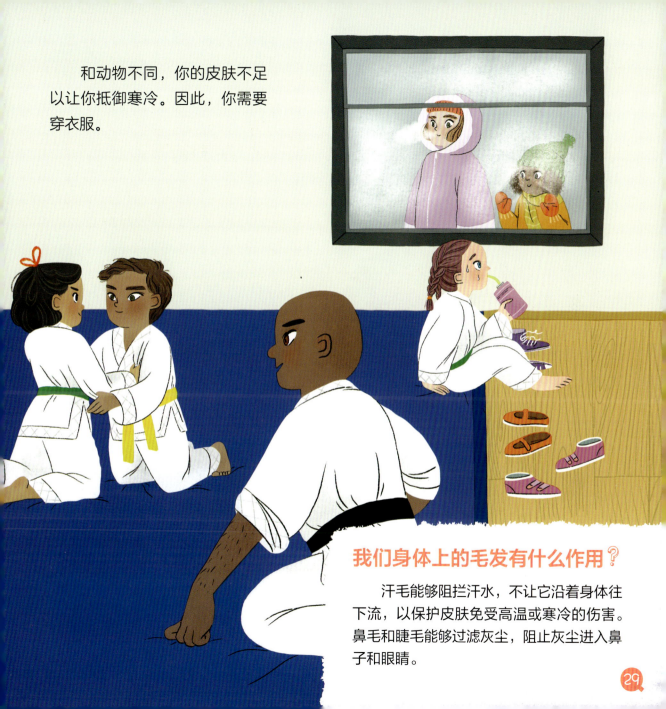

我们身体上的毛发有什么作用？

汗毛能够阻拦汗水，不让它沿着身体往下流，以保护皮肤免受高温或寒冷的伤害。鼻毛和睫毛能够过滤灰尘，阻止灰尘进入鼻子和眼睛。

洗澡很重要吗❓

晚上，你要洗澡，以清除皮肤上的污垢、油脂和死细胞。这对你的**健康**是很重要的。洗澡后身体好闻的气味也能让你感觉更舒服。

回到家、吃饭前以及从厕所出来后，都要洗手。这样，你才能保护自己免受细菌和病毒的侵害，要知道，它们会让你生病。

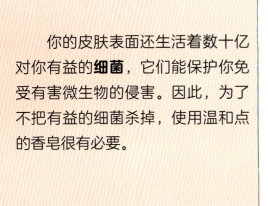

你的皮肤表面还生活着数十亿对你有益的**细菌**，它们能保护你免受有害微生物的侵害。因此，为了不把有益的细菌杀掉，使用温和点的香皂很有必要。

每天都要涂抹润肤霜吗❓

如果你的皮肤很健康，那么就不需要涂抹任何东西，只要用香皂和洗发水清洗就够了。一些化妆品可能含有刺激皮肤或者对皮肤有害的物质。

什么是文身？

有些人会用他们的皮肤来向别人讲述他们是谁。在澳大利亚，一些土著居民在庆祝他们人生当中的重要时刻时，会在皮肤上作画。有些人会在身上文一个符号，以提醒他们某一段重要回忆。

文身是用带有墨的针刺入皮肤，从而在皮肤上绘制出一些图案和文字。文身大约发明于4000年前，那时，通过看一个人的文身，就能知道他属于哪个部落。

人类会通过在皮肤上**化妆**来改变自己的形象。化妆可以为脸部着色或遮盖脸部的瑕疵，还可以用于改变外表来伪装自己。

时代不同，人们判断皮肤是否**美丽**的标准也不同。在古代，皮肤上的伤疤被认为是美丽的，因为它们是勇气的象征。这个标准也会因文化的不同而不同。在日本，白皙的肤色是美丽的代名词。

动物的皮肤是什么样的

脊椎动物，即有脊椎骨的动物，也有皮肤。根据生活环境的不同，它们的皮肤上覆盖着**毛发**、**羽毛**或**鳞片**。这样，它们就能保持身体的热量了。

大多数节肢动物都有一层坚硬的表皮。比如蝉，它们的**外壳**既能保护它们，也能支撑它们的身体。但是坚硬的外壳会限制它们的身体生长。因此，它们要更换表皮，这就是**蜕皮**。

青蛙的皮肤是裸露的，上面覆盖着一种黏性物质。在水外，它和人类一样通过肺呼吸。在水里，它则**通过皮肤呼吸**。

什么是鸡皮疙瘩？

你的皮肤下面有一些小肌肉。当你感到寒冷或害怕时，这些肌肉会收缩，并使身上的汗毛竖起来。这种现象被称为起鸡皮疙瘩，因为此时你的皮肤看起来就和一只没有羽毛的鸡的皮肤一样。

图书在版编目（CIP）数据

我的小问题. 第七辑：全八册 / (法) 卡特琳娜·
德·科佩等著; (法) 樊尚·索雷尔等绘; 唐波译. --
上海：上海文化出版社, 2022.10
ISBN 978-7-5535-2473-3

Ⅰ.①我… Ⅱ.①卡…②樊…③唐… Ⅲ.①常识课
–学前教育–教学参考资料 Ⅳ.①G613.3

中国版本图书馆CIP数据核字(2022)第150091号

Written by Audrey Guiller, illustrated by Amélie Vidélo
La peau – Mes p'tites questions et moi © Éditions Milan, France, 2021

图字：09-2021-1017号

本书简体中文版权归属于北京阿卡狄亚文化传播有限公司。

出 版 人：姜逸青
出　　品：阿卡狄亚童书馆
责任编辑：赵　静
特约编辑：王晓晖
装帧设计：阿卡狄亚·戚少君

书　　名：我的小问题·第七辑（全八册）
作　　者：［法］卡特琳娜·德·科佩等 / 著　［法］樊尚·索雷尔等 / 绘
译　　者：唐　波
出　　版：上海世纪出版集团　上海文化出版社
地　　址：上海市闵行区号景路159弄A座3楼 201101
发　　行：北京阿卡狄亚文化传播有限公司
印　　刷：小森印刷（北京）有限公司 010-80215076
开　　本：787×1194　1/24
印　　张：12
印　　次：2022年12月第1版　2022年12月第1次印刷
书　　号：ISBN 978-7-5535-2473-3/G.416
定　　价：118.40元（全八册）
如发现印装质量问题影响阅读，请与阿卡狄亚童书馆联系调换。读者热线：010-87951023

第七辑

自 信

［法］奥德蕾·吉耶 / 著

［法］桑德拉·德·拉普拉达 / 绘

唐　波 / 译

上海文化出版社

为什么
有时候我会觉得自
己一无是处？
第4-5页

如何知道我们
是否自信？
第6-7页

不自信是一件很
严重的事吗？
第8-9页

为什么
我觉得我的朋友比
我更优秀？
第16-17页

犯错误是件
很严重的事吗？
第18-19页

？

比赛前感到紧张
该怎么办？
第24-25页

运动真的能给人
带来自信吗？
第26-27页

别人的看法很
重要吗？
第28-29页

每个人都有一些自己擅长的事，这是真的吗？

第10-11页

其他人可以帮助我树立信心吗？

第12-13页

长大后，我会觉得自己能力更强吗？

第14-15页

怎样才能不再害怕在大家面前说话？

第20-21页

害羞和不自信是一回事吗？

第22-23页

当我有自信心时，我能独自一人完成所有事吗？

第30-31页

自信心在身体的哪个部位？

第32-33页

当别人嘲笑我时，我该如何保护自己？

第34-35页

为什么有时候我会觉得
自己一无是处？

小学一年级时，露易丝忘了要背诵一首诗。当她结结巴巴背不出来时，老师责备了她，同学们也笑了。现在露易丝读二年级了，当她要背诵时，还是会感到紧张。她**害怕**历史会重演，尽管露易丝已经有所改变，她的同学也不一样了。

萝拉**不会做**侧手翻。她很生自己的气，因为她认为自己应该成功。然而，当她一岁的小弟弟尝试着走路却摔倒时，她对他就没那么严格。她觉得他并不是很差劲，只是还没有学会而已。

马丁认为别人会觉得他**丑**，因为他有一双大脚。他不知道，队长亚历克斯也不认为自己帅，因为他不喜欢自己的卷发。但是，其他人看的并不只是这些细节，他们看到的是马丁和亚历克斯的整个人，而且很欣赏他们在运动场上的表现。

演出开始之前，西蒙就确信他的吉他表演会失败。他对自己没有信心。换句话说，他认为自己**不能**成功地做到自己决定做的事。

如何知道我们是否**自信**❓

克莱芒蒂娜骑着自行车，她铆足劲，跃过了越野赛场地上的两个大坡。这是她第一次做这个动作，但她并不害怕。她知道，如果摔倒了，她的头盔会保护她，而且她会站起来再**试着**做一次。敢于尝试新事物时，我们知道，我们是自信的。

父母外出购物时，鲍里斯**独自一人**待在家里。他并不会感到不安，因为父母马上就会回来，如果有需要，他还可以给奶奶打电话。他利用独处的机会安安静静地看了几本漫画书。知道如何让自己安心时，我们知道，我们是自信的。

为了下一次家庭假期，夏洛特将她所有关于活动和远足的想法列了一个清单。她喜欢**发表自己的意见**，并告诉其他人她想要什么。然后，他们会一起讨论。不害怕表达自己时，我们知道，我们是自信的。

星期天晚上，弗雷迪自己在家做可丽饼。爸爸已经**教过**他该如何做了，所以他对自己很有信心。妈妈说，这是世界上最好吃的可丽饼。现在，弗雷迪还想学做华夫饼。能够运用自己所学的知识时，我们知道，我们是自信的。

不自信是一件很严重的事吗？

对自己产生怀疑是**很正常**的，这会发生在每个人身上，甚至是成年人。这并不是一件严重的事，因为自信心就像肌肉，你越是训练它，它就会变得越强大。

乔兹觉得自己说的每句话都很愚蠢，这个想法就像一个无形的嘴套堵住了她的嘴，**阻止**她说出自己的想法。然而，乔兹的意见很重要，她有很多好的想法，但是她并没有意识到这一点。

热狗

把你的自信心想象成一副眼镜。它会**影响**你看待自己以及周围事物的方式。如果这副眼镜的镜片是黑色且会引起变形的，那么一切都会显得既可怕又复杂。但事实并非如此，正是缺少自信造成了这些负面影响！

我们如何才能变得自信？

找一个透明的广口瓶。每当你做成功一件事、感到自豪或是得到赞美时，就往瓶子里放一张彩色的纸或者一个彩色小球。欣赏这些因为你的优点而积累的宝藏吧，它们每天都在增加。

9

每个人都有一些自己擅长的事，这是真的吗？

你有什么**才能**？你擅长什么并且乐在其中？也许你擅长制作东西、逗朋友开心或者说一门外语。列出你的五项才能——每个人都有一些才能。

你的优点就像植物，要想**长大**，需要时间，还需要你的努力。在成为折纸高手前，卡普西尼敢于尝试，一开始的多次失败并没有让她气馁。她花了很长时间来进行练习——不管是否能马上做好，她都喜欢折纸！

有耐心

很棒的朋友

问问你的家人、老师或朋友，让他们说说你有哪些优点和才能。把他们的回答写下来，贴在纸板上，就贴在你的照片旁边。你看，你有那么多优点和才能。

什么是"成功笔记本"？

你知道如何行走、写字和吃饭。这一切在你看来很正常。可是之前你并不知道怎么做。为了看到你的进步，每个星期在笔记本上记下你取得的成就，并写下你是如何成功的。

其他人可以帮助我
树立信心吗 ❓

父母以及照顾你的成年人在让你树立自信心上提供了很多帮助，因为他们爱你。从你很小的时候开始，他们会给你拥抱，倾听你的需求，赞美你。这一切都让你有安全感。

在泳池边，基利安的**朋友们**鼓励他从跳板跳下去："不要担心，你不会沉下去的！""你可以做到的！"……这些鼓励给基利安的内心带来了力量，就像他的朋友们在托举着他一样。

卢文负责给她的**猫咪**喂食。她觉得自己很重要，因为不管怎样，她都会在猫咪身边。她还可以向猫咪倾诉自己的担心和害怕，猫咪永远不会嘲笑她。

乔丹找到了一个窍门。当他觉得自己很差劲时，就会把鼓励或安慰他最好的朋友时说的话写在纸上，或者在脑海里轻声**对自己**说："你可以做到的！你能行的！"

长大后，我会觉得自己能力**更强**吗

你越长大，就会越对自己有信心，因为你在**学习**新事物时取得了成功。这需要努力，也需要时间。慢慢地，你会越来越坚定，因为你看到自己在**进步**。

随着年龄的增长，你也会**认识自己**。你会更清楚自己的优势和不足，也更清楚哪些是自己喜欢的、哪些会让自己烦恼。这一切都能帮助你在对自己有益和无益的东西之间做出选择。

越长大，大人给你的**自由**就越多，让你可以**独自**完成一些事情，比如旅游或者做出自己的选择。当你能把握自己的人生方向时，你会感觉很踏实。

"独立自主"是什么意思？

每个孩子都要慢慢成长为一个独立自主的成年人。也就是说，能独自采取行动、做出决定并承担后果。与独立自主相反的人可以称为"木偶"，他们常常会按照别人的要求做事。

为什么我觉得我的朋友比我**更优秀**❓

以前，朱尼尔只看**朋友们身上**那些他不具备的**优点**，这就像一种麻痹毒药。现在，跟朋友们比较时，他也会想到他自己具备的那些他喜欢的品质，他不想改变。

当于哈妮看到路易莎爬到攀岩墙的顶端时，她认为这一切对路易莎来说很容易。事实上，路易莎哭过很多次，并险些放弃。于哈妮只看到了路易莎的成功，并没有看到她在通往成功的**过程**中所经历的艰辛。

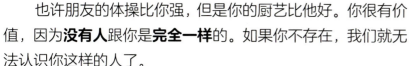

也许朋友的体操比你强，但是你的厨艺比他好。你很有价值，因为**没有人**跟你是**完全一样**的。如果你不存在，我们就无法认识你这样的人了。

你的朋友发挥他们的才能，这根本不妨碍你发挥自己的才能，甚至还会激励你去发现自己更多的才能。

人们说我是个慢性子，这是个问题吗？

你不必让自己成为一个"完美"的人，你无须评判自己。不管你是什么样的人，不管你有什么优缺点，你都值得被爱。尽力而为就足够了。

犯错误是件很严重的事吗

犯错没什么大不了的。相反，这是一种很好的**学习**方式。就像拼图游戏，当一块碎片不合适时,你会寻找另一块。如果因为害怕失败就不去尝试任何一块碎片，那你怎么完成拼图呢？

犯错时，古斯塔夫会感受到一种**不愉快的情绪**——他会害怕、生气或者失望。这很正常。他会让这种情绪消解，就像快速消失的波浪一样。

几乎所有错误都可以通过纠正或道歉来**弥补**。这并不愚蠢，而是一种挑战，它能帮助你思考"我学到了什么？""怎样进行不同的尝试？"

安娜是个**完美主义者**，她想把每件事情都做得完美，这样就不会有人批评她了。但这让她感到疲惫，而且很有压力。妈妈安慰她说，她会永远爱安娜，并不是只在安娜成功的时候。

怎样才能**不再害怕**在大家面前说话 ❔

当众讲话时，伊莎莉丝会紧张到胃部发紧、嘴唇发干。为了让自己放松下来，她就想象自己是在**跟最好的朋友说话**。而且，她还会看着房间里那个她非常喜欢的人。

萨洛美会时不时地在家里**练习**发言——高声朗读一本杂志，对着镜子说话，或者把自己想象成市长，对着她的毛绒玩具发表演讲。

在需要面对公众进行发言之前，小涛会在自己一个人时摆出一个**超级英雄的姿势**——站得笔直，双手叉腰。这样他的大脑会接收到一个信息："我准备好了，我能做到。"

为什么大人一看我，我就会脸红？

当感到局促不安时，你的心跳会加快，这会使面部皮肤下的血管中的血液流动得更快，因此，脸就变红了。你可以对自己说："如果我脸红了，那是因为我有压力。"然后继续专心做你正在做的事。

害羞和不自信是一回事吗❓

在众人面前表达或表现自己时，雅尼斯会感到不自在。害羞源自害怕**被拒绝**，而缺乏自信源自害怕**做错事**。

没有人能强迫莉拉·萝丝不再害羞。她有权成为一个话不太多的梦想家，这是她**个性**的一部分。但是她的害羞会妨碍她举办一个超级生日派对。因此，她决定做出一点改变。

亚当很不喜欢爸爸在别人面前说："原谅他，他很害羞。"这就像是给亚当贴上了一张他无法撕除的**标签**。打篮球的时候，亚当可一点儿也不害羞。

将你的想法、感受以及需要**说出来**是非常重要的。因为每个人的思考方式都不一样。如果你什么都不说，其他人怎么会理解你呢？

比赛前感到紧张该怎么办？

比赛前要花时间学习、**练习**、复习。准备得越充分，比赛当天你就会对自己越有信心。

记住，**压力**是你的朋友。它能让你集中所有的力量来克服困难。如果你感觉到压力，就对自己说，这是一个可以帮助你成功的能量球。

紧张时，想想你最近做得非常**成功**的一件事。准备好了吗？来吧，你可以开始了。

或者想象一下，你左手拿着一朵花，右手拿着一根大蜡烛。**吸入**花的芳香并数到四，然后轻轻地**吹**蜡烛并数到四。如此反复做几次。

什么是"可视化训练"？

比赛前，高水平的运动员会进行可视化训练。根据专业的不同，他们会想象自己在奔跑、跳跃或游泳，并取得胜利。这一训练提供了比赛时最详尽的细节，它能让运动员的大脑做好在现实中重现想象的准备。

运动真的能给人带来自信吗？

自从练习骑马以来，桑莎就不那么害怕**冒险**了。教练会教她越过新的障碍。有时候，她会对自己的成功感到惊讶。有时候，她会跌下马来。跌倒是很疼的，但是没有关系，她又重新站了起来。

练习击剑时，玛德莱娜对自己的**身体**是有信心的，因为身体为她提供了许多帮助。现在，她更了解自己的身体了，她意识到随着练习的进行，她的肌肉变得越来越强壮，反应也越来越快了。

诺亚不会错过任何一次冰球训练，因为伙伴们很**信赖**他。诺亚非常自豪自己是队伍里的一员。大家在一起相互鼓励，他们都很坚强。

每赢得一场比赛，本尼都会感到非常**开心**。他发现对自己感到满意是一件令人愉快的事。他的家人也会祝贺他取得进步。

别人的**看法**很重要吗？

莱斯利的朋友们说她吃东西时很优雅，爸爸却说她吃东西时很邋遢。然而，莱斯利吃东西的方式并没有改变。别人认为的并不是事实，那只是他们的**观点**而已。

巴布洛打翻了哥哥的杯子，哥哥说他笨手笨脚的，很没有用。巴布洛心里很难受，但是他知道哥哥并不是真的那样认为，他只是在表达自己的**愤怒**而已。

如果你把时间花在取悦别人上，那么你会忘记自己是谁。不如试着**让自己开心**。经常花一点时间问问自己，你真正想要的是什么。

男孩比女孩更自信吗？

女孩和男孩一样优秀。但是，有时候女孩不像男孩那么自信。因为她们仍然被教育要成为一个完美、安静的人，而男孩则被鼓励要多行动和冒险。

当我有自信心时，我能独自一人完成所有事吗？

当艾雅说她对自己有信心时，并不意味着她相信自己是一个无所不能的超级英雄。从矮墙上跳下去之前，她仍会问自己："这样做有没有**危险**？"

拥有自信心的秘诀之一，就是了解哪些事是你有能力做到的。但同时你也要意识到你的极限是什么，以及还有哪些地方是可以改进的。这就是我们所说的**自知之明**。

无法完成某件事时，路易敢于向他的姐姐或老师寻求**帮助**。路易并不是什么都会做，这很正常！但他并不害怕承认这一点。这就是他学习的方式。

一个对自己有信心的人会很坦率地接受自己的优点和缺点。而一个**自命不凡**的人却恰恰相反，他会告诉所有人每件事他都能比别人做得更好。他觉得必须夸大其词才能找到自己的位置。

自信心在身体的哪个部位 ❓

你的**大脑**是由数十亿个细胞，即神经元组成的。每次你敢于做一件以前从没做过的事时，这些神经元之间就会建立一个新的连接。连接越多，你的大脑就越会认为做这件事情很容易，一切就会进展得很顺利。

你有见过哪个歌星在舞台上**驼着背**、**垮着肩**么？没有，你看到的恰恰相反。身体姿势会影响我们的精神状态。当我们站得笔直时，会感觉更有自信。

要想行动迅速并且有效，你的身体需要氧气。但通常当你觉得有压力时，你会呼吸困难。为了恢复信心，你要慢慢地深呼吸，让**肺部**充满氧气。

哈卡舞是一种来自南太平洋岛屿的唱跳舞蹈。新西兰橄榄球队，也就是全黑队，会用这种舞蹈来威慑他们的对手。为了给自己鼓气，你也可以**跳**一支哈卡舞，伸出舌头，使劲跺脚，高声喊叫。

当别人嘲笑我时，我该如何**保护自己** ❓

雅埃尔说博诺穿得像个婴儿。如果博诺因此生气了，那他就太在意雅埃尔所说的话了。相反，如果他把这些话想象成透明的，那么侮辱就会穿过他而不触及他。这样他就能保持**冷静**了。

以前，马克一伙人总是嘲笑迭戈的口音。但是迭戈交到了欣赏他的**朋友**，他们令迭戈忘记了那些嘲笑。当马克故伎重演时，迭戈的朋友会挺身而出保护他。

玛丽亚玛给丽娜画了一张猪头画像。丽娜将她的感受清清楚楚地**告诉**玛丽亚玛："我不觉得好笑，你的所作所为伤害了我。"

"爱自己"是什么意思❓

"爱自己"意味着接受自己的不完美，对真实的自己感到满意。这也意味着尊重自己——为自己的成功感到高兴，不因为失败而责备自己，倾听自己的心声，对让自己不舒服的事情说"不"。照顾好自己，你是一个很珍贵的人！

《我的小问题》（50册礼盒装）　适读年龄：4-8岁

简洁生动的语言，细致幽默的场景式图画，充分满足孩子的好奇心，塑造孩子的世界观。

《亲亲体育图书馆》（全13册）

适读年龄：5-8岁

　　给孩子的运动启蒙图画书，无须磕磕碰碰，让孩子轻松爱上运动。

《臭鼬大侦探》（全4册）

适读年龄：7-10岁

　　动物界的"福尔摩斯"爆笑来袭，专属于孩子的探案故事，激发孩子的无穷想象力。

Written by Audrey Guiller, illustrated by Sandra de la Prada
La confiance en soi – Mes p'tites questions et moi © Éditions Milan, France, 2020

图字：09-2021-1017号

第七辑

糖

［法］露西·德·拉埃罗尼埃 / 著
［法］纳塔莉·拉贡黛 / 绘
唐　波 / 译

上海文化出版社

什么是糖？
第4-5页

为什么
吃冰激凌时能感觉
到甜甜的味道？
第6-7页

糖是从哪儿来的？
第8-9页

我需要吃糖才能
保持身体健康吗？
第16-17页

为什么
爸爸妈妈说我不能
吃太多糖果？
第18-19页

为什么
番茄酱的配料表里
有糖？
第24-25页

蛋糕上
那些用糖做的漂亮
装饰是什么？
第26-27页

除了用在食物中，
糖还可以用在其他
地方吗？
第28-29页

我放在
酸奶里的糖是怎么
生产出来的❓

第10–11页

人类自古以来就
吃糖吗❓

第12–13页

为什么
我这么喜欢饼干❓

第14–15页

为什么
我们总是在蛋糕里
加一些糖❓

第20–21页

我能喝
碳酸饮料吗❓

第22–23页

橱柜中
那些不同的糖罐里
装的都是什么❓

第30–31页

蜂蜜也是甜的吗❓

第32–33页

糖果是怎么制作
出来的❓

第34–35页

什么是糖？

　　糖是烹饪中常用的一种**配料**，呈小小的颗粒状，多用于制作菜肴和糕点。食品制造厂也经常会用到糖，它能给食物带来一种甜甜的味道。

　　蔗糖是糖的一种，每一个蔗糖分子都是由一个果糖分子连接一个葡萄糖分子组成的。

蔗糖、水果中的果糖、植物中的葡萄糖、牛奶中的乳糖，这些都属于**简单碳水化合物**，有一种甜甜的味道。人们也将它们称为"简单糖"或"糖"。

还有一些**复合碳水化合物**，存在于面包、面条以及米饭等食物里，它们被人体吸收得较慢。碳水化合物是食物的一大组成部分，它能为我们的身体带来能量！

为什么吃冰激凌时能感觉到甜甜的味道？

"嗯，真好吃！""呀，太咸了！"在你舌头表面的**味蕾**上，有一些对味道、温度以及食物质地非常敏感的细胞，它们会向大脑传递有关信息。

味道有很多种，咸、甜、苦（比如苦苣、柚子的味道）、酸（比如柠檬、百香果的味道）等，都是由味蕾感觉到的。

甜味令人感觉**愉悦**，讨人喜欢，我们经常将甜品当作餐后点心。不仅如此，一些食物还会将甜味和咸味结合起来，比如焦糖猪肉。

香草
巧克力

草莓
柠檬

百香果
柚子

咸黄油焦糖
曲奇

玉米
甜椒

蔬菜也可以是甜的吗？

　　胡萝卜、玉米、豌豆……和大部分植物一样，蔬菜也天然地含有一些糖，比如果糖、葡萄糖和蔗糖，只是各自的含量不一样。

糖是从哪儿来的？

糖主要是从**植物**里提取出来的。你可能吃过红菜头沙拉，红菜头是一种略带甜味的蔬菜。而另一种甜菜品种——糖用甜菜，含有非常丰富的蔗糖，因此被用来制糖。

糖用甜菜的白色肉质根非常肥大，生长在泥土里。这种农作物喜欢温和的气候，不能太热，也不能太冷，因此，在法国北部、欧洲的一些国家以及美国的一些地区都有种植。

甘蔗是另一种富含蔗糖的植物。这是一种高大的草本植物，茎秆高度为 2 ～ 5 米。甘蔗是多年生植物，每次被收割后，它们会重新生长。

水、热量、阳光……这些都是甘蔗生长所必需的。如今，在巴西、印度、中国、泰国以及墨西哥等国家都有甘蔗**种植田**。

我放在酸奶里的糖是怎么生产出来的？

在被放入你的酸奶之前，糖的制造要经历好几个阶段。**制糖厂**，也就是制造糖的工厂，离甘蔗种植田非常近。农作物收割后，需要尽快进行加工。

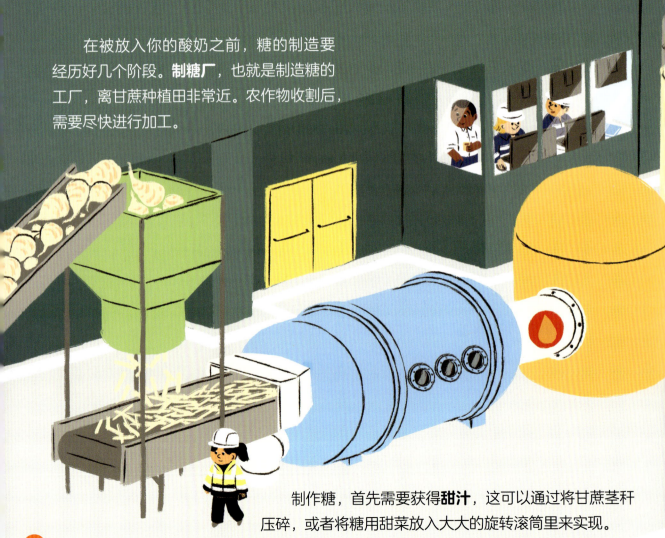

制作糖，首先需要获得**甜汁**，这可以通过将甘蔗茎秆压碎，或者将糖用甜菜放入大大的旋转滚筒里来实现。

接下来，我们将甜汁过滤，然后通过加热使其中的大部分水分蒸发。留下来的是一种浓稠的糖浆，在第二次熬煮过程中，糖浆会变成**晶体**。最后被脱水晒干、装箱。

白糖和红糖有什么区别？

用甜菜制作的糖总是白色的，而用甘蔗制作的糖天然呈红棕色，但是，如果经过另一道加工——精炼，它们也能变为白色。

人类自古以来就吃糖吗？

在很长的一段时间里，人类只知道蜂蜜和水果的甜味。但是几千年以前，他们发现了一种可以提供糖的植物——原产于**新几内亚**的甘蔗。

公元前几百年，人类将这种植物引入中国和印度。随着**航海**活动的发展，甘蔗被引入波斯和中东地区，然后在11世纪到13世纪传入欧洲。

文艺复兴时期，糕点师会为贵族制作奢华的甜食盛宴。继常常被当作药物使用之后，**稀有而昂贵**的糖成了一种美味的食材！

1745年，一位德国化学家发现甜菜中也含有糖。19世纪，拿破仑鼓励农民种植甜菜，也鼓励工厂生产糖。渐渐地，糖成为一种**人人可得**的产品！

为什么我这么**喜欢饼干**？

人类对糖的偏爱是**与生俱来**的，婴儿从出生起就喜欢甜味。但是也有例外，比如有些人不喜欢甜点或巧克力。

几千年前，人类就已经知道糖能给身体带来**能量**！

14

我们喜欢糖的另一个原因是它能给我们带来愉悦感。吃糖时，大脑会接收到一些信号，这些信号触发了一种激素，即**多巴胺**的分泌，而多巴胺会让我们产生愉快的感觉！

我们会对糖"上瘾"吗？

有时候，我们会觉得对糖"上瘾"了——吃糖吃到停不下来。并不是所有科学家都同意这一说法。但是，对于某些人来说，他们有时确实会离不开糖！

15

我需要吃糖才能保持身体健康吗？

汽车前行需要燃料。而你呢？你要奔跑、玩耍、做作业……你也需要摄取**葡萄糖**来获得能量！这是你整个身体都需要的一种"燃料"，尤其是你的大脑。

葡萄糖存在于甜食中。但是我们的身体也能够将复合碳水化合物（存在于土豆、面包、米饭等食物中）转化为葡萄糖。想要保持健康，做到**均衡饮食**就足够了！

实际上，甜点和糖果对于保持身体健康来说根本不是必需的。享用它们其实是一种愉悦，我们常常在一些美好的时刻和大家分享这种愉悦，比如在慈善义卖集会上吃蛋糕，在圣诞节吃巧克力……

巧克力中含有很多糖吗？

巧克力的主要原料是带苦味的可可。根据配方、品牌以及产品的不同，生产商会在巧克力中加入或多或少的糖。

17

为什么爸爸妈妈说我不能吃太多糖果❔

为了你的**健康**，最好不要吃过多太油腻、太咸以及太甜的东西。这个建议，你可能在学校听说过，或者在广告上看到过。

在你的口腔里，有一些细菌喜欢以食物的残渣，尤其是以糖为食。这些细菌会产生一些酸性物质，腐蚀牙釉质并最终导致**蛀牙**。

超过身体所需的糖并不会被身体吸收利用，而是会以脂肪的形式**储存**在身体里。摄入过多的糖可能是造成超重以及肥胖的原因之一。

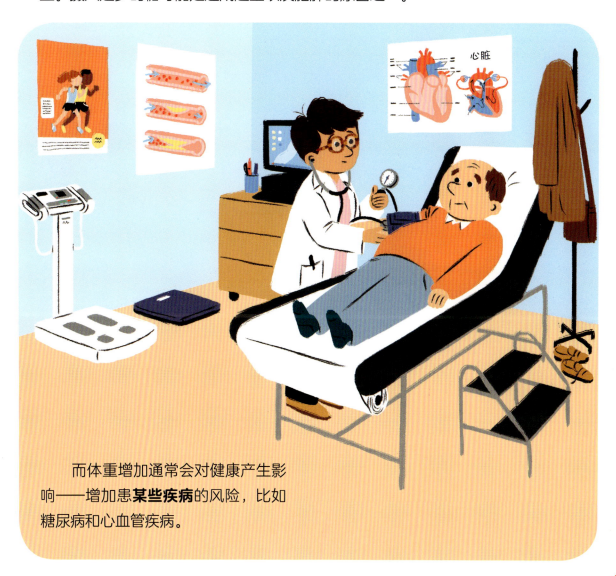

而体重增加通常会对健康产生影响——增加患**某些疾病**的风险，比如糖尿病和心血管疾病。

为什么我们总是在蛋糕里加一些糖❓

首先，糖在烘焙中的主要作用就是**使糕点有甜味**！它能带来一种甜美怡人的味道。此外，它还能使其他味道更加突出，比如水果的味道。

根据制作方法的不同，糖能让饼干更酥脆，让蛋糕更松软……它可以为食物带来一种有趣的**质地**。在烘烤的过程中，糖会释放香气，并呈现出一种漂亮的金色。

因为有了糖，我们能让一些食物**保存**更长的时间。例如，将水果制成果酱和蜜饯，我们就可以在水果收获好几个月后还能吃到它！

英国人早餐会吃咸的食物，这是真的吗？

是的。在法国，早餐通常是甜食。但在英国，一份传统的早餐会包含鸡蛋、培根，往往还会配上番茄汁焗豆、香肠和蘑菇！

21

我能喝碳酸饮料吗？

通常一罐碳酸饮料约含有**35克糖**，相当于7茶匙的量！旨在改善法国人饮食习惯的"法国国民营养健康计划"建议人们尽量少喝碳酸饮料。水是你身体唯一不可缺少的饮品。

也就是说，建议大家控制对太甜的食物和饮料的摄入，比如糖果、果酱、糖浆……可以偶尔尝一点，但是要**适可而止**！

和爸爸妈妈去购物时，你要仔细看看商品的**标签**。如果糖排在配料表的前几位，说明它的含量很高。值得注意的是，糖的种类有很多：葡萄糖、玉米糖浆、麦芽糖……

小蛋糕

配料表

果葡糖浆、白砂糖、小麦粉、鸡蛋、2% 浓缩黄油、小麦淀粉、脱脂奶粉、乳糖、膨松剂（碳酸铵、碳酸钠）、香料、极少量的榛子和杏仁。

实际上，尽量避免吃加工食品。自己**烹饪**菜肴、制作酱汁和蛋糕，可以让你更好地控制糖的摄入量。举个例子，你可以自己制作下午茶的饼干！

为什么番茄酱的配料表里有糖？

糖天然地存在于一些食物中，厨师或食品厂在制作甜食时会添加糖，人们有时在用餐时也会把糖加到食物里。

我们在吃加工食品时，吃下了许多"隐形"糖。我们在大快朵颐时，并没有真正注意到糖的含量！食品生产商非常喜欢糖，因为它便宜，能使食物保存更长时间，能改变食物的质地，还能增强食物的味道……

促销
番茄酱
500mL
1.44 €
0.99 €

促销
超高温
脱脂奶
6.30 €
4.50 €

熟食

汤料

汤料、面包片、即食食品……那些**咸的**工业食品里也含有糖！比如，在番茄酱里加入糖，可以中和番茄的酸味。

什么是甜味剂？

甜味剂是一种食品添加剂。极少量的甜味剂便能给食品带来甜味。有些人用甜味剂代替糖，认为甜味剂对人体更好，但这并没有得到科学家的证实。

25

蛋糕上那些用糖做的**漂亮装饰**是什么❔

彩条、彩珠……多么漂亮的生日蛋糕啊！**糕点装饰**通常是用糖做的，比如糖霜是用糖粉和柠檬汁或蛋清做成的。

咸黄油焦糖

糖可以被塑造成**不同形状**。糖膏像黏土一样可以被做成各种造型。用焦糖制成的细线条能够做出一些硬化的结构。拉糖技术则可以做出一些漂亮的装饰，比如花朵、饰带等。

通常，在糕点制作竞赛和锦标赛中，会有一项专门的**糖艺作品**比赛。参赛者们必须用糖制作一件真正的艺术品！

"鸟"
（拉糖）

造型糖果
6.5欧元

如何制作方糖❓

　　往糖中加一点水使其变得湿润，然后放入特殊的模具中加热并挤压出特定的形状。一切就准备就绪啦！

除了用在食物中，糖还可以用在 **其他地方** 吗？

糖不仅会出现在你的餐盘里，还会出现在一些**药物**中，比如草莓味或焦糖味的止咳糖浆。

糖用甜菜和甘蔗可以被加工制成"生物乙醇"。这是一种生物燃料，也就是用植物产品制成的汽车**燃料**。

糖是一些**塑料**制品的组成成分，它甚至还被用来制作洗涤剂和清洁剂。

糖能让面霜、身体乳等**美容产品**中的成分很好地混合在一起。糖还有保湿的功效，有助于让皮肤保持柔软。

橱柜中那些不同的糖罐里装的都是什么❓

白糖是很常见的糖。白砂糖的颗粒很大，适合用来做法式软糖。将白砂糖过筛后，便得到了细砂糖。将细砂糖磨得细细的，便得到了轻盈的糖粉！

有些糖会呈现出漂亮的棕色。红糖是一种红棕色的晶体糖，它是由甘蔗制成的。那因其甜美的味道和美丽的色泽而受到大家喜爱的赤砂糖呢？主要是通过熬煮甜菜糖浆而获得的。

还有一些糖的制作过程更为**原始**。椰子花糖来自椰子花的汁液。粗糖是一种褐色的甘蔗糖，无须过多加工，只要将甘蔗汁加热使水分蒸发，然后将残留物晒干磨碎就可制成。

橙汁里有糖吗?

橙汁里并没有"添加"的糖。但橙子天然就是甜的。一杯200毫升的橙汁里大约有20克糖。如果你自己榨一杯橙汁，需要2~3个橙子，糖分就有点多了!

蜂蜜也是甜的吗？

蜂蜜是由**蜜蜂**在蜂巢里酿造而成的。薰衣草蜂蜜、栗子花蜂蜜、冷杉蜂蜜……根据蜜蜂采蜜的地区以及花朵的不同，蜂蜜的味道、颜色和质地也有所不同。

蜂蜜里含有少量的维他命和矿物质。但蜂蜜的主要成分仍然是糖（果糖、葡萄糖），吃蜂蜜可要适度哦！

一些别的液体里也含有糖并带有甜味，一些食谱会用它们代替糖。**龙舌兰糖浆**是以龙舌兰为原料制成的，龙舌兰是一种原产于墨西哥的植物。

你吃过**枫糖浆**煎饼吗？为了制作这种糖浆，我们要收取枫树的汁液，然后将这种汁液煮沸，减少它的水分，使其浓缩。

糖果是怎么**制作**出来的❓

　　不管是易溶于口的、柔软的，还是辛辣的、水果味的、五彩缤纷的，糖果的主要成分都是糖！在不同的食谱中，糖需要在不同温度下**加热**不同时间。

我们能**制作**出成千上万种糖果。食用色素能给糖果着色，香料令它们散发出芳香，各种模具使它们千姿百态。还有糖衣，能影响糖果最终的触感。

糖果里并不是只有糖！在工厂或糖果手工艺人那里，为了做出鳄鱼或小熊形状的软糖，也会使用**明胶**，这是一种从猪或牛的骨头和皮中提炼出来的物质。

糖是如何变为焦糖的？

糖被加热到一定温度时，会发生一种化学反应——糖熔化了，呈现出棕色并散发出一种诱人的香味。它变成了焦糖！

《我的小问题》（50册礼盒装）　适读年龄：4-8岁

简洁生动的语言，细致幽默的场景式图画，充分满足孩子的好奇心，塑造孩子的世界观。

《亲亲体育图书馆》（全13册）

适读年龄：5-8岁

　　给孩子的运动启蒙图画书，无须磕磕碰碰，让孩子轻松爱上运动。

《臭鼬大侦探》（全4册）

适读年龄：7-10岁

　　动物界的"福尔摩斯"爆笑来袭，专属于孩子的探案故事，激发孩子的无穷想象力。

Written by Lucie de la Héronnière, illustrated by Nathalie Ragondet
Le sucre – Mes p'tites questions © Éditions Milan, France, 2021

图字：09-2021-1017号

我的小问题 第七辑

语 言

[法]卡特琳娜·德·科佩/著

[法]科洛内尔·穆塔德/绘

唐 波/译

上海文化出版社

什么是语言？
第4-5页

为什么小宝宝不像
我们那样说话？
第6-7页

地球上
有多少种语言？
第8-9页

为什么
学习一门语言需要
花很长时间？
第16-17页

什么是粗话？
第18-19页

出去旅行时，我们
应该说哪种语言？
第24-25页

在班级里
应该怎样发言？
第26-27页

我们可以不用说话
就表达自己吗？
第28-29页

什么是母语？
第10-11页

史前人类说哪种语言？
第12-13页

一个人能说多少种语言？
第14-15页

猴子有自己的语言吗？
第20-21页

什么是字母表？
第22-23页

什么是死语言？
第30-31页

法国人一直用同样的方式说法语吗？
第32-33页

我们可以发明一种语言吗？
第34-35页

什么是语言?

舌头是位于口腔中的**肌肉**器官，生病的时候有时需要给医生看。舌头能让你说话、品尝味道以及吞咽!**说话**时，你需要调动身体的好几个部位来发出声音，说出清晰的语句。

蓝色字：吐字器官
橙色字：发声器官

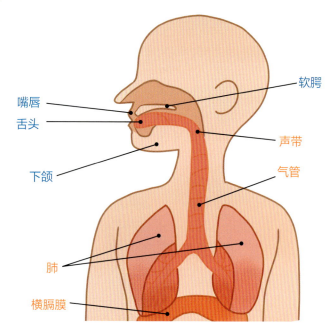

软腭
嘴唇
舌头
声带
下颌
气管
肺
横膈膜

语言是让我们能够交谈的**词的集合**。**人类语言**体现了人类说某种话的能力，它会因国家甚至地区的不同而不同。

因为有明确的**读音**和**语法**，所以词语能被说出来以及组合在一起！大多数语言还能被**书写**下来。

语言的**学习**有很多不同的途径：跟家人学，在学校学，或者在国外生活的时候学。

为什么小宝宝不像我们那样说话❓

我们常说小宝宝会像小鸟一样啁啾！我们对他说话，他便会重复他所听到的声音，不管我们使用的是哪种语言。这被称为**咿呀学语**。

虽然小宝宝还不能像你那样说话，但他们能通过动作、哭泣以及微笑来**表达**自己！一岁至一岁半的时候，大多数小宝宝会说出第一句话。

"鞋鞋！"啊，妮娜是想要她的拖鞋吗？宝宝说出来的话有时会有点"走样"，就好像他发明了属于自己的语言一样！三岁左右，宝宝就开始能**让每个人都明白他的意思**了。但每个人都有自己的节奏！

我们对还在肚子里的小宝宝说话，他能听懂吗？

他们虽然听不懂，但是语言的学习从这个时候已经开始了！还在妈妈肚子里时，小宝宝就能逐渐感知到声音了。他们习惯了周围的声音，这让他们很安心。

地球上有多少种语言？

世界上大约有**6000种语言**，但是很难将它们全部统计出来！有些语言被广泛使用，比如中文；有些语言则只有很少的人会说；有些语言不能被书写，比如大洋洲的很多语言。

一门语言并不一定只对应一个国家。比如，法语在法国以外的一些国家——马里、塞内加尔、加拿大……也会被使用，因为几个世纪以前，法国通过殖民将法语**强加**给了一些地区的人民。

在法国西部，有一些人所说的语言并不是法语，而是布列塔尼语！跟巴斯克语和奥克语一样，布列塔尼语也是一种**区域语言**，或称**方言**。这些语言只在某个国家的某一地区使用。

NÒSTRA ESCÒLA

一个多世纪以前，在法国的学校里禁止说方言，比如奥克语。不过今天，这些方言会在一些课堂上被学习和使用。有时候，一些语言会被认为不如其他语言重要，或者不那么优美，说这些语言的人会被人瞧不起。我们将这种鄙视称为**语言歧视**。

什么是？

　　母语就是你说的第一种语言，通常是你的**妈妈**从你婴幼儿时期就对你说的语言。因此，我们将其称为母语。如果你的爸爸妈妈分别用不同的语言和你说话，或者在你出生后不久就到了另一个国家生活，那么你可能有好几种母语。

　　来自你居住国家之外的语言称为**外语**，即使你对这种语言非常熟悉！

维罗奇卡姑妈和朋友交谈时用法语，和丈夫争吵时用瑞典语，但是当她拥抱别人时却总是说俄语！日常生活中我们可能会使用好几种语言，我们会**根据情况**选择一种最让我们感到自在的语言。

为什么塞利安的妈妈用另一种语言和她的外公说话？

在家庭里，语言并不会自动传给下一代！塞利安的妈妈选择用法语和塞利安交谈，但是和她的父亲，也就是塞利安的外公，她一直说卡拜尔语，这是她出生的国家阿尔及利亚的一种语言。有时候我们也会将童年时期说的一种语言遗忘。

11

史前人类说哪种语言❓

最早的史前人类是用声音和手势进行**交流**的。后来，至少在30万年前，他们有了说话的能力，这要部分归功于他们身体的进化。

逐渐地，史前人类能够产生一些想法，并虚构一些故事。**人类最早的语言**就这样诞生了！

历史上，文字是在口语之后出现的。已知最早的**文字痕迹**可以追溯到6000年以前，是在今中东地区被发现的。这些文字证明，那个时候，人类已经会说好几种语言了。

我们是怎么知道史前人类会说话的？

科学家会研究史前人类的骨骼残骸。他们还会研究史前人类的工具和首饰——这些工具和首饰越精致，科学家就越可以断定，制作这些东西的人需要交流复杂的想法，而这多亏了语言才得以实现。

一个人能说多少种语言？

　　这个问题，对于不同的人来说会有不同的答案。但是，研究语言学的专家，也就是**语言学家**估计，通常一个人最多能说**十种语言**。

　　如果你能说好几种语言，那你就是**多语者**，就像那些口译员一样。双语者能在两种语言间自由切换，三语者能在三种语言间自由切换。那些能说六种甚至更多语言的人，我们称之为超级多语者。

印度有1600多种官方语言和地方语言。在印度，人们在日常生活中说**多种语言**是很常见的事。

由于历史或传统，一些民族长期迁移并学习了多种语言，例如，几个世纪以来从印度**迁徙**到欧洲的罗姆人。

为什么学习一门语言需要花很长时间❓

四岁之前，一个孩子很容易就能掌握他经常听到的一门语言。科学家们认为，这也许是因为孩子的**大脑**有更强的可塑性。

在学校也能学习一门**外语**，但可能需要很长一段时间！要想学好一门外语，你必须多说多读，或者长期居住在说这门语言的地方。

FRESA

在学校，我们首先要学习用自己国家的主要语言来表达和书写。这需要一些时间，因为有一些规则需要记住，比如**拼写规则**，它能让我们用正确的字母写出单词；而**语法**，则让我们知道句子是如何构成的。

"说得很流利"是什么意思？

莎拉的阿拉伯语说得和母语一样好，而且不管别人用这两种语言对她说什么，她都能明白。当你想说一些事情时，不需要思考就能用一种语言说出来，那么我们就说这门语言你说得很流利。

17

什么是粗话？

"该死！"哎呀！利利安在打碎一个盘子时脱口说出了这句粗话！有时候，尴尬、愤怒或高兴会驱使我们说出一些**粗话**。如果我们想成为一个有礼貌的人，就要避免这样的说话方式。

与第一次见面的人说话时，你可能会使用不同的语言风格。而且，你会根据自己是高兴、伤心还是胆怯而**选择**不同的词。

"哪个都行！""无所谓！""都一样！"不管是什么口味的冰激凌球，埃米尔都想吃一个！但他会用不同的**语调**来告诉别人——随意的、平常的或是高雅的。

将通俗词汇和高雅词汇混合在一起使用，玩文字游戏，写很短或很长的句子，用倒叙的方式讲故事……写书的人会和语言一起**玩耍**！这就是文学作品的创作原理。

猴子有自己的语言吗 ❓

动物不像人类，可以说带词句的语言，但是它们也能**交流**！一只鸟儿为了让另一只鸟儿注意到它的存在或者寻找配偶，它会用不同的方式唱歌。

动物们交换的信息集中在它们的**基本需求**上：召唤同伴，发出警告，要什么东西或者表达某种情绪。猴子会发出特别的叫声来提醒同伴危险的存在，比如有一条蛇爬过来了。

你知道吗？有些**植物**也能进行交流！树木能通过风发出各种信息来告知危险的存在，比如当有动物吃树叶时，一些树木会通过叶子向空气中释放一种物质，其他树木接收到这种物质后，会对动物的入侵做出反应。

动物会讲故事吗？

动物不会讲故事。我们讲故事时，会涉及到不同时间发生的各种事情。表达如此复杂的信息是人类语言特有的功能，动物的语言可没有这个功能。

什么是**字母表**？

A、B、C、D、E……学习单词时，你会先学习那些组成单词的字母。所有字母集合在一起，就构成了**字母表**。

全世界有好几种字母表。其中一些字母表只有几个字母不同，比如西班牙语字母表和法语字母表；还有一些字母表是**独一无二**的，比如在伊朗使用的波斯文字母表。

一个单词的发音可以根据音标来掌握。**音标**是一组处于方括号中的符号，标示单词的读音。在国际音标中，"语言"一词的法语音标为[lãg]。国际音标是一个多世纪以前发明的，用来统一标示各国语言。

并非所有的语言都有字母表。有一些语言，比如中文，是用**笔画**书写的。还有一些语言，它的**书写符号**有对应的音节，即音组，比如泰语。

出去旅行时，我们应该说哪种语言？

出去旅行时，你并不总会说目的地的语言。幸运的是，有一些语言在很多国家和地区都能被**听懂**，比如英语、西班牙语。

即使是短期旅行，学习一些当地很有用的日常用语，比如"你好"或者"谢谢"，也是很有必要的。这是一种对当地人民礼貌的表现。你可以在**旅行指南**中找到这方面的信息。

想了解一个外语单词的意思，你可以使用**双语词典**。它能给你提供**翻译**，也就是将这个外语词汇的意思用你使用的语言表达出来。

有不能被其他语言翻译的词汇吗？

当然有！比如，在日语里，"木漏れ日"描述的是从树叶间穿过的阳光。每种语言都是一种特别的看待世界的方式，并受到使用这种语言的人的文化的滋养。

在班级里应该怎样发言？

在班级里，如果所有人同时说话，那么大家相互之间就会什么都听不到！在课堂上，如果你想讲话或提问，就举起你的手来。这是让老师**给你发言权**并让大家**倾听**你的最可靠的方式。

课堂上的**安静**能让你很好地聆听老师的讲解，也是对他人发言的尊重。当然，在学校里也有一些时刻你可以**自由自在**地说话，比如，和同学小组讨论学习时，在操场上玩耍时，还有在食堂吃饭时。

你在同学面前朗诵过一首诗吗？在**所有人面前**讲话不是一件容易的事。但是通过训练，你很快就不会感到拘束了。有些人甚至非常喜欢在众人面前发言！

在众人面前讲话对很多**职业**来说是很稀松平常的事，比如剧院里的演员和歌手、学校里的老师、体育教练，还有广播电台和电视台的记者。

我们可以不用说话就 表达自己 吗 ❓

你的**身体**是非常出色的信息传递者！皱眉、凝视、抬起下巴、微笑、叹气……仅仅用面部，你就能表达出很多不同的意思！这些表情能反映你的情绪，有时候还能反映你的想法。

"再来一块蛋糕吗？"说话的**语调**也能让人更好地理解你。同一句话，你可以用不同的语气说出来——温柔的、生气的、幽默的、冷淡的、热情的……

人们发明了一些手势，作为有听力障碍和言语障碍的人与他人交流的特殊语言，这就是手语。全世界有超过100种手语！

你有没有用舞蹈表达过自己的喜悦？人类发明了许多不需要说话就能表达自己的方式，那就是**艺术**。舞蹈、哑剧、音乐、绘画、雕塑和摄影都是艺术的表现形式。

什么是死语言？

有一些语言已经完全不能被当作母语使用了，比如古希腊语、古埃及语和达尔马提亚语，我们将这些语言称为**死语言**。不过，如果还有用这些语言书写的文本留存的话，我们仍然可以学习这些语言！

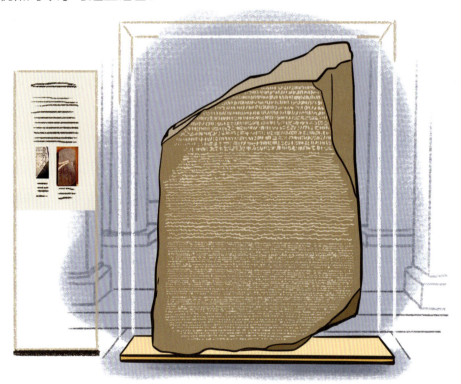

今天，有超过2000种语言正濒临**灭绝**。这意味着，如果说这些语言的人越来越少，而且没有任何用这些语言书写的文本或字典保存下来，它们将彻底被遗忘。

活语言是指仍在被人们使用的语言。它们的字词、拼写和语法可能会随着时间的推移而改变，发音也通常会因为使用地的不同而变化。比如，在马赛，早晨（matin）一词词尾部分"in"的发音就比在里尔的发音更轻快……这就是我们所说的**口音**。

希伯来语是以色列的官方语言，有着独特的历史。这种语言在过去很长一段时间里是死语言，为了让人们在日常生活中使用它，一个多世纪以前，官方对希伯来语进行了**现代化**改造。今天，大约700万人在使用这种语言！

法国人一直用同样的方式说法语吗

中世纪的人们所说的法语与今天的法语不一样。那个时候，法国人说的是拉丁语、古罗马语和地方方言的**混合语**。

"bevvre""beivre""boivre"……这是法语中"boire"（喝）一词在不同历史时期的拼法。法语是在法国北部语言的基础上逐渐形成的，直到今天，它还在不断**演变**。

所有的活语言都在不断变化着。比如，法语的拼写和语法规则在演变，一些在口语里出现的新词汇也会被用在书面语中。这些变化最终会被纳入词典，特别是**法兰西学术院**编纂的词典，它是对法语作出官方规范的词典。

什么是"新词"？

　　新词是指一种活语言里新近创造的词语。它可能来自另一种语言，也可能是被发明出来的，比如法语里的新词"flexitarien"意为弹性素食者，指的是偶尔吃肉的人。当一个已经存在的词语有了新的含义，我们也可以把它称为新词。

我们可以**发明**一种语言吗❓

人类发明了一些交流方式，比如需要解密的**代码**。在军队中广泛使用的摩斯密码便是其中一种。它用一系列划（短横线）和点来表示不同字母，人们可以通过它来拼出一些单词和句子，比如，"－－－（O）··－（U）··（I）"表示法语中的"是的"。

像小孩一样，一些书籍和游戏的作者有时会为了满足故事讲述的需要而**发明**一种语言。其中最著名的就是英国作家约翰·罗纳德·瑞尔·托尔金，他为小说《魔戒》发明了10多种语言！

Bonan tagon（希望你有美好的一天）！**世界语**是一个多世纪前在欧洲语言的基础上发明出来的。它的创造者希望它成为一门国际语言，也就是说与任何国家和民族都无关。

为了设计绘图软件，计算机专家会使用**计算机语言**。它是一系列字母、数字、符号和空格的组合。软件启动时，这种语言可以向计算机发送指令。一组计算机语言被称为**计算机代码**。

《我的小问题》（50册礼盒装） 适读年龄：4-8岁

简洁生动的语言，细致幽默的场景式图画，充分满足孩子的好奇心，塑造孩子的世界观。

《亲亲体育图书馆》（全13册）

适读年龄：5-8岁

给孩子的运动启蒙图画书，无须磕磕碰碰，让孩子轻松爱上运动。

《臭鼬大侦探》（全4册）

适读年龄：7-10岁

动物界的"福尔摩斯"爆笑来袭，专属于孩子的探案故事，激发孩子的无穷想象力。

Written by Catherine de Coppet, illustrated by Colonel Moutarde
Les langues – Mes p'tites questions © Éditions Milan, France, 2020

图字：09–2021–1017号

我的小问题 第七辑

历 法

[法]奥德蕾·吉耶/著

[法]卡米耶·费拉里/绘

唐 波/译

上海文化出版社

历法自古就有吗？
第4-5页

法国的历法是从什么时候开始的？
第6-7页

我们是怎么知道一年有多少天的？
第8-9页

2100年1月1日，我们就进入22世纪了吗？
第16-17页

全世界都使用相同的历法吗？
第18-19页

法语中星期和月份的名称是怎么来的？
第24-25页

为什么一个星期有七天？
第26-27页

一年有多少个法定假日？
第28-29页

现行公历是
谁发明的？
第10-11页

为什么二月只有
28天或29天？
第12-13页

日历有什么用？
第14-15页

法国现在使用的是
什么历法？
第20-21页

法国大革命时期，
法国人改变了历
法，这是真的吗？
第22-23页

中国传统的农历新
年是哪一天？
第30-31页

什么是历书？
第32-33页

如果我是四月
出生的，那我就是
白羊座吗？
第34-35页

历法**自古就有吗**❓

我们不知道究竟是谁发明了历法。5000年前，**史前人类**将巨大的石块排列起来，用来标记太阳和月亮的位置。考古学家认为，这些巨石是被史前人类当作历法使用的。

4500年前，**美索不达米亚**（今天的伊拉克和叙利亚所在地）的居民发明了文字。他们将历法刻在黏土板上。

在同一时期，**古埃及人**通过观察灌溉埃及大地的尼罗河的水位，创立了一部包含12个月的历法。在这部历法中，一年被分为"洪水季""种植季"以及"收获季"这三个季节，使得农民的耕作有了节律。

玛雅人生活在墨西哥南部。3000年前，玛雅祭司创立了一部非常精准的历法。它以天体的运动为基准，指挥着田间的耕作，并规定了宗教节日。

法国的历法是从什么时候开始的

法国先人所用的最早的历法确定了月份和季节，但没有确定年份。当他们开始标记年份时，必须选择一个**起点**，这个起点通常是他们国家或文明历史上的一个重要事件。

古典时代，法国所用的历法，即罗马历，是从**罗马城**的建立开始纪年的。

公元是目前国际通用的纪年体系，以传说中耶稣诞生的那一年为**"公元元年"**。今天，当谈及非常久远的日期时，人们还会加上"公元前"。

"历法"一词是怎么来的❓

法语中的历法一词"calendrier"来源于拉丁文"calendarium"，意思是"账簿"。罗马人会将他们的债务记在板子上，每个月的朔日，即每个月的第一天，必须偿还债务。今天，历法一词表示用日、月、年等单位计算时间的体系。

我们是怎么知道一年有多少天的 ❓

根据我们现在所使用的太阳历，一年有**365天**、12个月、4个季节和52个星期。大约每四年，一年会有366天，也就是闰年。

春分

春天

为了确定一年有多长，天文学家会观察太阳的变化**周期**以及季节的回归。为了测定月份，他们还会记录月相的变化。

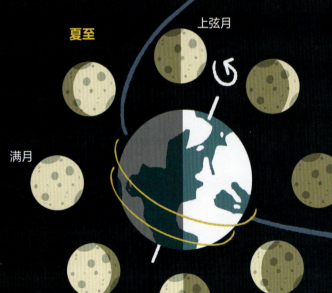

上弦月

夏至

满月

新月

下弦月

夏天

天文学家在一年当中观察到了四个"特殊"的日子。其中有两天，白天和夜晚一样长：这是**二分点**。还有两天是一年当中黑夜最长或最短的一天：这是**二至点**。这四天划定了四个季节的界限。

冬天

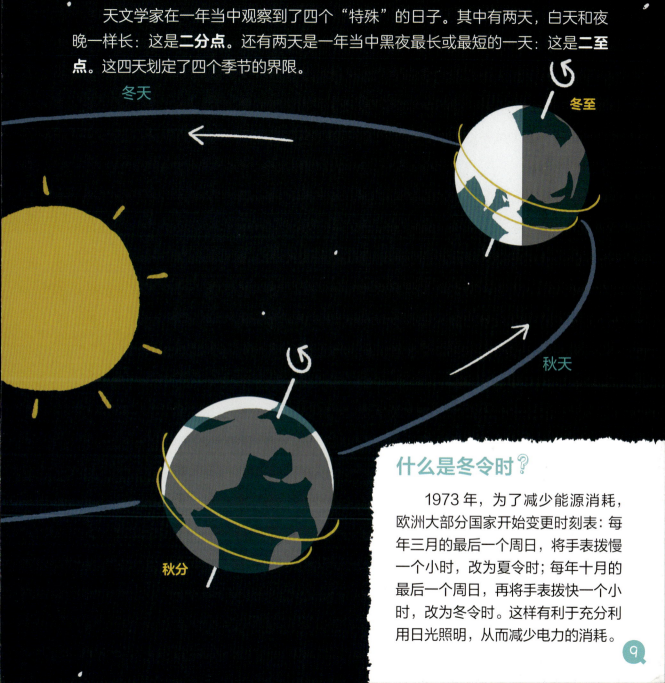

冬至

秋天

秋分

什么是冬令时 ❓

　　1973 年，为了减少能源消耗，欧洲大部分国家开始变更时刻表：每年三月的最后一个周日，将手表拨慢一个小时，改为夏令时；每年十月的最后一个周日，再将手表拨快一个小时，改为冬令时。这样有利于充分利用日光照明，从而减少电力的消耗。

9

现行公历是谁发明的

罗马将军**儒略·恺撒**所创立的历法是现行公历（格里历）的前身，即儒略历！他修改了基于月相周期的罗马历，因为它不符合季节的真实情况。

在罗马历中，二月是一年当中的最后一个月，有29天或30天。它也是一年中最短的一个月，因为许多判**死刑**的犯人都在二月处决，人们认为这是一个不吉利的月份。

儒略历严格遵循太阳变化的周期。一年有365天，并从1月1日开始计算。为纪念儒略·恺撒，有一个月份被改为"儒略月"，即七月。

为了彰显自己的荣耀，恺撒的继承人**奥古斯都**皇帝也将一个月份以自己的名字命名，那就是八月，他从二月中减去一天，将它加到八月里，从此八月便有了31天。据说，奥古斯都希望代表自己的月份和代表恺撒的月份天数一样多。

为什么二月只有 28天或 29 天？

　　历法是根据天空中**天体的运动**来计量时间的。太阳历（阳历）以太阳的变化为基准。太阴历（阴历）则以月亮的变化为基准。

月亮和太阳的变化周期并不能以整天来计算。比如，地球绕太阳转一圈需要365天又1/4天。慢慢地，历法相对于天体的运动以及季节就产生了**偏差**。

闰年

1810	1820	1830	1840	1850	1860	1870	1880
1890	1900	1910	1920	1930	1940	1950	1960
1980	1990	2000	2010	2			2040

2017:
365天1/4
2018:
365天1/4
2019:
365天1/4
2020:
365天+1

为了修正这1/4天的时间差，每四年，我们就要给二月加上一天。这一年就变成了366天，人们称之为**闰年**。

我们怎么知道某一年是不是闰年？

如果某一年份的年数能被 4 整除，那么该年份就是闰年。对于以 00 结尾的年份（也就是年份是整百数），必须能被 400 整除才是闰年。所以，2000 年是闰年，而 2100 年则不是。

日历有什么用？

夏娃在她的日历上记下了许多对她来说**很重要的事**，比如她的生日以及她最好的朋友的生日。她还用日历来计算距离下一个假期还有多少天。

在课堂上，盖比将她的作业记在记事本上。这个本子的每一页都标明了日、月、年。这能让人在安排时间时**更有条理**。下周二，2月4日，盖比必须做完数学练习题，还要学习诗歌。

在星期三那一页，她写下了"准备好游泳用品"。这样一来，她就不用再担心会把这件事给忘了。她的记事本能让她合理**计划**和安排自己的时间。

日历上会注明民俗传统**节日**、宗教节日以及法定假日。举个例子，2000年法国的国庆节，7月14日，是在星期二。

2100年1月1日，我们就进入22世纪了吗？

2100年1月1日，我们还处在21世纪。22世纪的第一天是2101年1月1日。我们现行的公历是从**1年**开始算的。因此，一个世纪的开始也是以1结尾的年份。

公元纪年中**没有0年**，因为在罗马时代，罗马数字中没有"0"。它象征着空无一物，令人恐惧。

一个**世纪**是100年。当我们谈及一段非常长的时间时，按世纪计算更方便。想知道某一年属于哪个世纪，只要将这一年份百位以上的数字加1就可以了，整百的年除外。法国大革命发生于1789年，17 +1=18，也就是18世纪。

什么是罗马数字？

在古罗马，人们使用七个字母来组成所有的数字：I、V、X、L、C、D、M（分别表示1、5、10、50、100、500和1000）。比如，24是XXIV，26是XXVI。今天，我们使用的是阿拉伯数字1、2、3……但是西方国家保留了用罗马数字来书写世纪的习惯。

全世界都使用相同的历法吗

格里历（也就是公历）是全世界最通用的一种历法，但是有些国家也使用其他历法。我们的2000年，是希吉拉历（也就是伊斯兰历）的1420年，是希伯来历（即犹太历）的5760年，是印度历的1921年。

比拉勒正在日历上寻找穆斯林的一个宗教节日——古尔邦节的日期。这个日期是由**伊斯兰历**来确定的。伊斯兰历一年有354天，由12个朔望月（月相变化一个周期为一个"朔望月"）组成，每个月有29天或30天。而我们使用的公历是一种太阳历，一年为365天，古尔邦节的日期在公历中每年都会变动。

希伯来历是一种阴阳合历。它以犹太教圣经《妥拉》中记载的上帝创造世界的时间为起始日。希伯来历是以色列的官方历法。按照希伯来历的算法，一年有12或13个月，354或384天。

格里历	编号	希伯来语叫法		天数
三月-四月	1	ניסן	尼散月	30
四月-五月	2	איר	以珥月	29
五月-六月	3	סיון	西弯月	30
六月-七月	4	תמוז	搭模斯月	29
七月-八月	5	אב	埃波月	30
八月-九月	6	אלול	以禄月	29
九月-十月	7	תשרי	提斯利月	30
十月-十一月	8	חשוון	马西班月	29 或 30
十一月-十二月	9	כסלו	基斯流月	29 或 30
十二月-一月	10	טבת	提别月	29
一月-二月	11	שבט	细罢特月	30
二月-三月	12	אדר	第一亚达月	30
三月-四月	13	אדר ב	第二亚达月	29

每年，印度女孩米拉都会参加庆祝伽内什节的盛大仪式，伽内什是**印度教**的象头神。在印度教的阴阳历中，伽内什节是婆达罗钵陀月（印度教日历中的月份）中月亮上升的第四天。这一时间对应公历中的九月中旬。

法国现在使用的是什么历法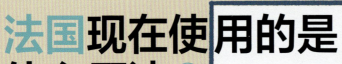

法国现行的历法（格里历）是由教皇**格里高利十三世**创立的，它取代了儒略历。格里历里的闰年数比儒略历少，以便更符合太阳的运动周期。

1582年12月 （在法国）	星期日	星期一	星期二	星期三	星期四	星期五	星期六
儒略历							1
儒略历	2	3	4	5	6	7	8
格里历	9	20	21	22	23	24	25
格里历	26	27	28	29	30	31	

1582年是由儒略历过渡到格里历的年份，因为格里历较儒略历快10天，所以这一年有10天在日历上被**删除**了！在法国，12月9日星期日后面紧跟着12月20日星期一。

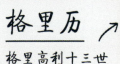
格里历

格里高利十三世

-12个月
-52周
-365天
-366天
（闰年）

直到340年后的1923年，**希腊**才采用了格里历，成为最后一个采用格里历的欧洲国家。大部分希腊人都信奉东正教，他们不想遵循由天主教会制定的历法。

什么是降临节日历

降临节日历是用来计算从12月1日至圣诞节之间的24天的倒数日历，1920年起源于德国，目的是让孩子们耐心等待圣诞节的到来。在日历的每个小格子后面都藏着一个小礼物，可以是一张图片、一块巧克力，也可以是一个玩具。

法国大革命时期，法国人改变了历法，这是真的吗❓

法国大革命时期，革命者决定改变历法，目的在于割断历法与宗教的联系，因为当时使用的格里历与宗教的关系密切。他们于1792年创立了法国**共和历**，1792年便成了法兰西第一共和国的元年。

革命者**重新命名**了每个月和每一天。比如，10 月 2 日不再是天主教教廷命名的圣－莱热日，而是酿月 11 日，即"马铃薯日"。每周由 7 天改为**一旬**（10 天）。

工人们很不满意，因为他们必须工作9天而不是6天才能休息一天！很多公共假日都被取消了。1806年1月，拿破仑皇帝重新恢复使用格里历。

法国共和历里那些月、日的名字是怎么来的？

诗人法布尔·代格朗汀在一名园丁的帮助下创造了这些名字。他们从气候以及农业生活里获得了灵感。比如，雾月代替了十一月，芽月代替了四月。

23

法语中星期和月份的名称是怎么来的 ❓

罗马人用他们知道的**七个天体**的名字来给一个星期里的每一天命名。星期一是月亮日，星期二是火星日，星期三是水星日，星期四是木星日，星期五是金星日，星期六是土星日，星期日是太阳日。

后来，**天主教会**重新命名了一周的最后两天。在法语中，星期六（samedi）来源于希伯来语"sabbat"一词，即"安息日"，也就是犹太教的休息日。星期日（dimanche）来源于拉丁文"dies dominicus"，也就是"主日"。在英语中，星期日是"Sunday"，也就是"太阳日"；而星期六是"Saturday"，即"土星日"。

在法语中，一些月份的名称是从**罗马**众神那里得到的灵感。一月的名称来自门神雅努斯（Janus）。还有一些月份则让人想起它们在旧罗马历中的位置：九月是罗马历中的七月，而十月则是罗马历中的八月。

为什么一个星期有七天?

自4世纪以来,世界上的很多历法都将七天作为一个星期。因为这与最容易观察到的天文周期,即**月亮**的周期相符。月亮大约每七天就会显现出一个不同的月相。

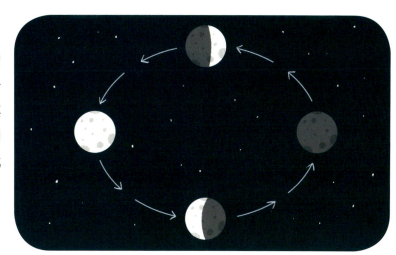

七天为一个星期也在一些国家的经典文献中得到体现。

4世纪时，罗马皇帝君士坦丁规定星期日为**休息日**。这一惯例被保留了下来。在希伯来传统里，星期六为休息日。而在很多伊斯兰国家，则把星期五定为休息日。

国际标准ISO 8601将星期一定为每星期的**第一天**。但是有些国家的规定却不一样，比如在美国，一周是从星期日开始的。

一年有多少个**法定假日**？

在法国，一年有11个法定假日。这些天是休息日：你不用去上学，爸爸妈妈也**不用去上班**。但是消防员、医生，以及那些所从事职业与我们的生活息息相关的人还要上班。

面包 — 糕点

法定假日一般是为纪念**历史事件**而设定的，比如两次世界大战的结束；也有**宗教**节日，比如圣诞节；还有**国庆**节。在法国，国庆节是7月14日。

基于**不同**的历史和文化，不同国家一年法定假日的天数也不同，英国有8天，日本有16天。

在西班牙，每年的1月6日是法定假日，因为这一天是宗教节日"三王节"，人们还会在这一天互赠礼物。

邮局

邮政银行

5月1日和5月8日不营业

"连休"是什么意思？

连休就是在法定假日和周末之间加入一天休假，从而把法定假日和周末连接起来，就像搭了一座桥。在法国，星期四的耶稣升天节是法定假日，如果学校星期五放假，那么你就可以从星期四连休到星期日！

29

中国传统的农历新年是哪一天？

世界上很多地方的新年不是从1月1日开始的。中国传统的农历新年，也就是**春节**，一般在公历的1月21日至2月20日之间，因为春节遵循的农历是一种阴阳合历。

正月初一是春节的第一天，为一年之始，人们在这一天相互祝福新年快乐，送上美好祝愿。

在古罗马，新的一年是从三月份开始的。在法国卡佩王朝时期，新的一年从复活节开始。而在查理大帝统治时期，新的一年开始于圣诞节。法国从**1564年**开始在1月1日庆祝新年。

全世界各国的传统都是在新年第一天向亲朋好友送上**祝福**，希望能为他们带来好运。在中国，人们会送上一个装有钱的红包，并说"恭喜发财"。

什么是**历书**❓

　　麦伊温娜很喜欢读爷爷的历书上的**谚语**。那是一些广泛流传、能给人启发的智慧短句。11月25日那一天写着："在圣凯瑟琳日，所有的树木都会生根发芽。"这是种植的好季节。

　　在15世纪和16世纪的法国，历书往往是农民家里**唯一的书籍**。农民们晚上聚在一起聊天时会翻阅它。

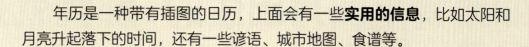

年历是一种带有插图的日历，上面会有一些**实用的信息**，比如太阳和月亮升起落下的时间，还有一些谚语、城市地图、食谱等。

在法国，消防员为什么要售卖日历 ❓

这是法国的一个传统。售卖日历所得的收入会用来援助受伤的消防员的家庭，或者为他们的孩子组织一些娱乐活动。街道清洁工和邮递员也会在年底的时候售卖日历。

如果我是 四月 出生的，那我就是 白羊座 吗 ?

双鱼座
白羊座
金牛座
双子座
巨蟹座
狮子座
处女座
天秤座
天蝎座
射手座
摩羯座
水瓶座

如果你出生在四月，并且是在4月21日以前出生的，那么你就是白羊座。在很多国家的传统中，人们会把一个人的生日与一个**星座**对应起来。星座共有12个，分别是：水瓶座、双鱼座、白羊座、金牛座、双子座、巨蟹座、狮子座、处女座、天秤座、天蝎座、射手座、摩羯座。

星座反映了你出生那一天**太阳**的位置以及它所经过的天空区域。每一个星座都对应着天空的一个区域以及一组星星。

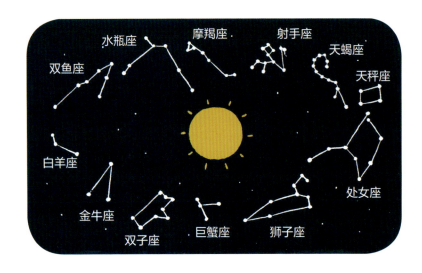

双鱼座　水瓶座　摩羯座　射手座　天蝎座　天秤座　白羊座　金牛座　双子座　巨蟹座　狮子座　处女座

星座运程

在**中国**，每个人都有生肖，生肖不取决于一个人出生的日期和月份，而取决于他出生的年份。中国有十二生肖，分别是：鼠、牛、虎、兔、龙、蛇、马、羊、猴、鸡、狗、猪。你属于哪一种生肖呢？

鼠　牛　虎　兔　龙　蛇　马　羊　猴　鸡　狗　猪

子　丑　寅　卯　辰　巳　午　未　申　酉　戌　亥

有些人认为，星座能反映一个人的**性格**。比如，白羊座的人勇敢、热情，但也容易动怒。当然，这并不是事实，只是一种西方民间理论。

《我的小问题》（50册礼盒装） 适读年龄：4-8岁

简洁生动的语言，细致幽默的场景式图画，充分满足孩子的好奇心，塑造孩子的世界观。

《亲亲体育图书馆》（全13册）

适读年龄：5-8岁

给孩子的运动启蒙图画书，无须磕磕碰碰，让孩子轻松爱上运动。

《臭鼬大侦探》（全4册）

适读年龄：7-10岁

动物界的"福尔摩斯"爆笑来袭，专属于孩子的探案故事，激发孩子的无穷想象力。

Written by Audrey Guiller, illustrated by Camille Ferrari
Le calendrier – Mes p'tites questions © Éditions Milan, France, 2020

图字：09-2021-1017号

第七辑

海 洋

［法］普吕纳·马赫辛/著

［法］尼 可/绘

唐 波/译

上海文化出版社

什么是大洋？
第4-5页

大洋
是如何形成的？
第6-7页

地球
为什么被称为"蓝
色星球"？
第8-9页

海洋
里有哪些动物？
第16-17页

我们是
如何探索海洋的？
第18-19页

为什么
海洋里会有塑料？
第24-25页

什么是海啸？
第26-27页

我们在海渊里能
发现什么？
第28-29页

为什么
海水是咸的？
第10-11页

什么是洋流？
第12-13页

为什么
海洋很重要？
第14-15页

什么是大堡礁？
第20-21页

海洋
是否受到了威胁？
第22-23页

关于海洋，
有哪些传说呢？
第30-31页

全球变暖
对海洋有影响吗？
第32-33页

如何保护海洋？
第34-35页

什么是**大洋**？

大洋是指主要以大陆为界的大片广袤的**咸水水域**。在大多数欧洲语言里，"海洋"一词来源于古希腊神话里的第一位河流之神俄刻阿诺斯（Oceanus）的名字。

太平洋

大西洋

我们的地球上有**五个**大洋：大西洋、太平洋、印度洋、北冰洋和南大洋。它们的大小、深度、海水温度，以及各自庇护的动植物都有所不同。

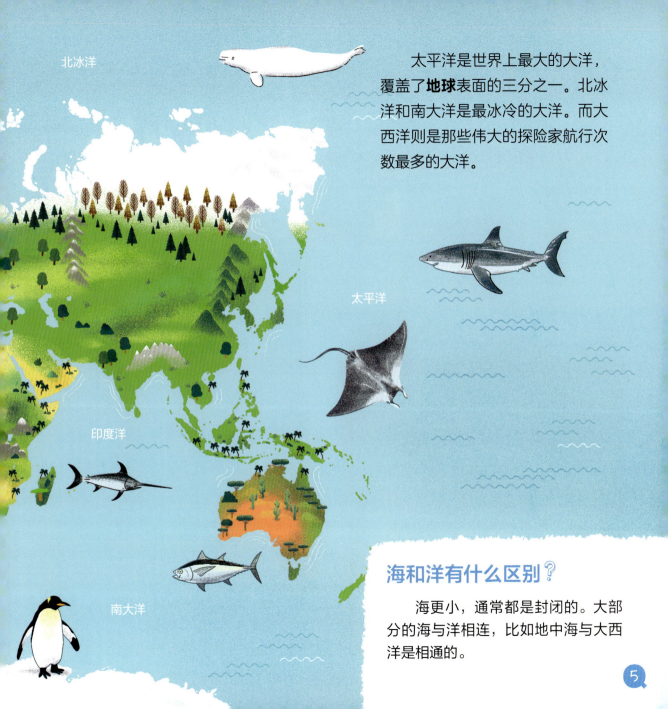

北冰洋

太平洋是世界上最大的大洋，覆盖了**地球**表面的三分之一。北冰洋和南大洋是最冰冷的大洋。而大西洋则是那些伟大的探险家航行次数最多的大洋。

太平洋

印度洋

南大洋

海和洋有什么区别？

海更小，通常都是封闭的。大部分的海与洋相连，比如地中海与大西洋是相通的。

大洋是如何形成的？

当**热量**在地底深处积聚时，大洋便开始形成了。热量上升，使得大陆的表面——大陆地壳越来越薄，最终导致裂开。

岩浆，即极炙热的熔化的岩石，涌入裂缝里，地面逐渐呈阶梯状坍塌，直到形成一个大型山谷——**裂谷**。

裂谷不断扩大，最终与地球上已有的水域**相通**，并被水覆盖。如此一来，首先会形成一个浅海，然后，慢慢地，会出现一个新的大洋。海洋就是这样形成的，并且还在继续变化，就像东非正在发生的那样①。

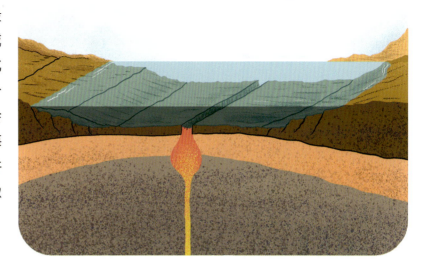

并非所有大洋的**底部**都是一样的构造。正如在陆地一样，在水底，我们也能发现一些山脉、火山、平原，甚至还有一些深谷（峡谷）！

----
①东非大裂谷若继续扩张，最终可能会由于海水涌入而形成海洋。

地球为什么被称为"蓝色星球"

　　你见过从太空拍摄的地球的照片吗？
它就像一个**巨大的蓝色球体**，"蓝色星
球"的称号便由此而来。这种蓝色是海水
的颜色，海洋覆盖了地球表面积的71%。

地球是太阳系中目前已知的唯一一颗表面有**液态水**的行星，它有如此多的水，并且是液态水，这使生命的出现成为可能。

海水之所以看起来是蓝色的，是因为它只吸收了一部分**太阳光**。太阳光有好几种波长，对应着彩虹的各种颜色。太阳光照到海洋时，只有蓝色光没有被吸收，它被反射到了我们的眼睛里！

什么是冰河时期❓

地球经历过好几次冰河时期，在这些时期，大陆被大量的冰覆盖。如今位于高山上的冰川便是那些时期遗留下来的。

9

为什么海水是咸的？

地球上有**淡水**，还有**咸水**。淡水就是你喝的水！我们在湖泊和河流里能找到淡水，而咸水则主要存在于海洋里。

40亿年前，一场持续了上百万年之久的滂沱暴雨淹没了地球。这场酸雨冲走了地面的许多**矿物质**，而这些矿物质正是盐的一大来源。

海里的盐还来自于土壤和岩石。这些土壤和岩石经过缓慢的风化，被分解成细小的颗粒，然后被雨水和河流一点点地冲入海洋。这种现象被称为**侵蚀**。我们在诺曼底的埃特勒塔就能看到这种现象。

海洋中的水是非常咸的。一升海水中所含的盐相当于六咖啡勺的盐！一部分海盐被人们在**盐田**中收集起来，用于烹饪食物，为我们的菜肴增添咸味。

什么是洋流❓

当风吹动海面时，会形成风浪。风浪靠近海岸时，会形成近岸波。在海洋深处，海水也在流动！这就是洋流——看起来像水下隧道一样的海水**运动**。

洋流有暖流和寒流之分。在海洋里，不同**温度**的海水不会混合。低温的水位于深海，因为它们所含的盐分更多，因而更重，而温暖的海水则处于海洋表层。

墨西哥湾暖流是在大西洋里流动的洋流，它**调节**着整个西欧的**气候**。

什么是潮汐现象？

月球对地球具有引力作用。这种引力会使海平面发生变化，出现周期性的上升或下降。这就形成了潮涨与潮落。

为什么海洋很重要？

海洋不仅仅是可以让你在夏天游泳以及玩耍嬉戏的好地方，它对于维持地球以及我们人类自身的**平衡**也是至关重要的！

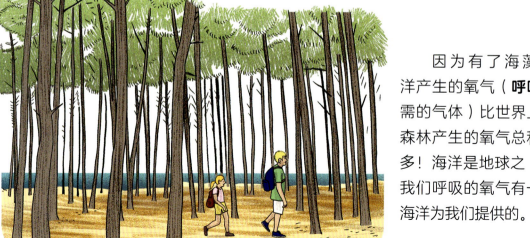

因为有了海藻，海洋产生的氧气（**呼吸**所必需的气体）比世界上所有森林产生的氧气总和还要多！海洋是地球之"肺"，我们呼吸的氧气有一半是海洋为我们提供的。

海洋能防止地球变得过热：它们通过自然降温的方式**保护**着地球不受气候的影响。海洋能从大气中吸收二氧化碳，而二氧化碳正是造成气温升高的原因之一。

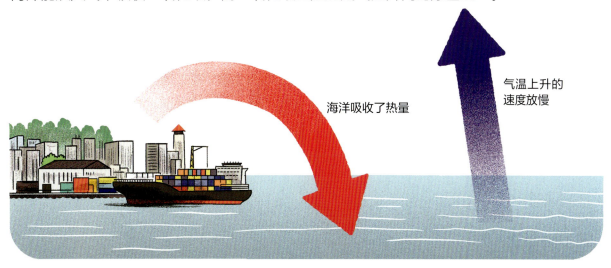

海洋吸收了热量

气温上升的
速度放慢

全世界有约一半的人口生活在沿海地区。因此，海洋也为数十亿人提供了**食物**（鱼类、甲壳类动物……）来源。

海洋里有哪些动物 ?

海洋里有许多不同的动物。为了繁殖，它们大多会产卵。

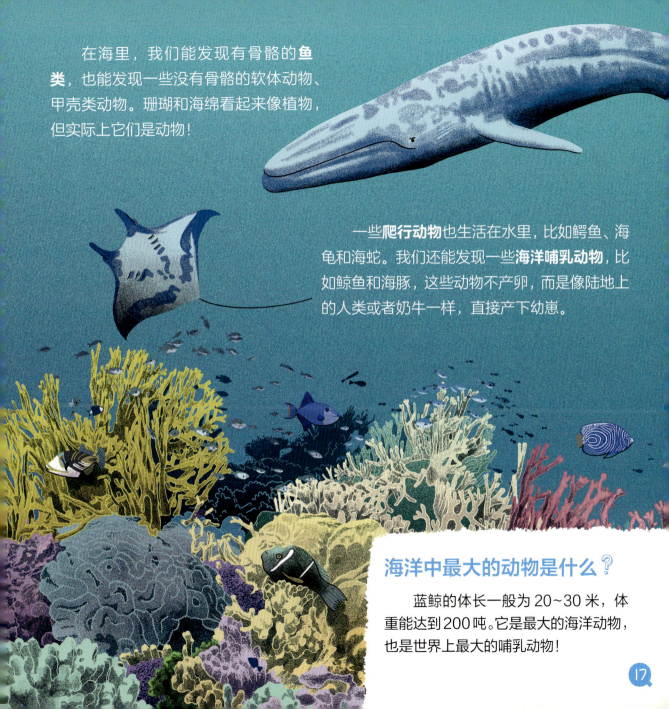

在海里，我们能发现有骨骼的**鱼类**，也能发现一些没有骨骼的软体动物、甲壳类动物。珊瑚和海绵看起来像植物，但实际上它们是动物！

一些**爬行动物**也生活在水里，比如鳄鱼、海龟和海蛇。我们还能发现一些**海洋哺乳动物**，比如鲸鱼和海豚，这些动物不产卵，而是像陆地上的人类或者奶牛一样，直接产下幼崽。

海洋中最大的动物是什么 ?

蓝鲸的体长一般为 20~30 米，体重能达到 200 吨。它是最大的海洋动物，也是世界上最大的哺乳动物！

我们是如何探索海洋的

人类很晚才开始对海洋进行探索：最早的潜水钟出现于16世纪。后来又出现了**潜水衣**和潜水艇——可以潜入水中并在水下移动的密封舱。

海洋学是研究海洋的科学。海洋学家的工作是用科学的方法研究海洋。

19世纪，英国人组织了一次海洋科学探险。在名为"挑战者号"的海船上，科学家们发现，海洋并不是如沙漠一般生物稀少。

今天，科学家们更多地使用一些配备有摄像装置的遥控**机器人**来探索海洋。它们能潜入到越来越深的、尚未被人类探索过的地方。

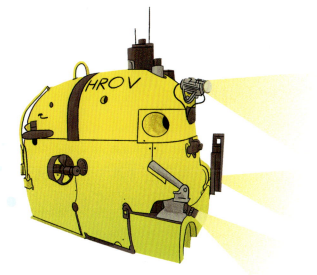

什么是大堡礁？

在澳大利亚东北部，有一个绵延伸展2000多千米的**珊瑚礁群**，生存着400多种珊瑚。这就是大堡礁——世界上最大的珊瑚礁群！

珊瑚是对维持海洋平衡非常重要的**微小生物**。有四分之一的海洋"居民"依靠珊瑚而生。珊瑚为它们提供食物，并充当了小鱼的庇护所和育儿所。

大堡礁完整的珊瑚礁结构形成于约60万年前，如今，它受到了海洋**变暖**的威胁。珊瑚里生活着一些微小的藻类，是它们赋予了珊瑚色彩。但是随着海水温度的升高，藻类离开了珊瑚，使珊瑚慢慢变白，并最终死去。

什么是海草？

在海岸附近，我们有时会发现海里一些地方被草覆盖，这些草就是海草，它们庇护和滋养着许多物种。

21

海洋是否受到了威胁？

人类活动对海洋造成了极大的污染。**垃圾**、化肥、污水最终进入大海，并且不会消失。它们使鱼儿中毒，并妨碍了海洋正常的自我修复。

水上活动以及海上通行的船只会产生很大的**噪声**。噪声会干扰那些利用声音来移动的生物，比如鲸鱼。有时，鲸鱼最终会迷路，甚至搁浅在海滩上。

当油轮发生破损或沉没时，它所携带的**石油**会泄露到海洋里。这一生态灾难便是油外泄，它会杀死许多海洋动物。

随着地球上的人越来越多，人类需要捕捞更多的鱼来满足更多的人对食物的需求。由于**过度捕捞**，一些物种濒临灭绝。

为什么海洋里会有塑料？

在最终进入海洋并对海洋造成污染的垃圾中，**塑料**是最成问题的垃圾之一。太平洋中的塑料垃圾是如此之多，以至于形成了一个巨大的漂浮垃圾堆，被人们称为"塑料大洲"。

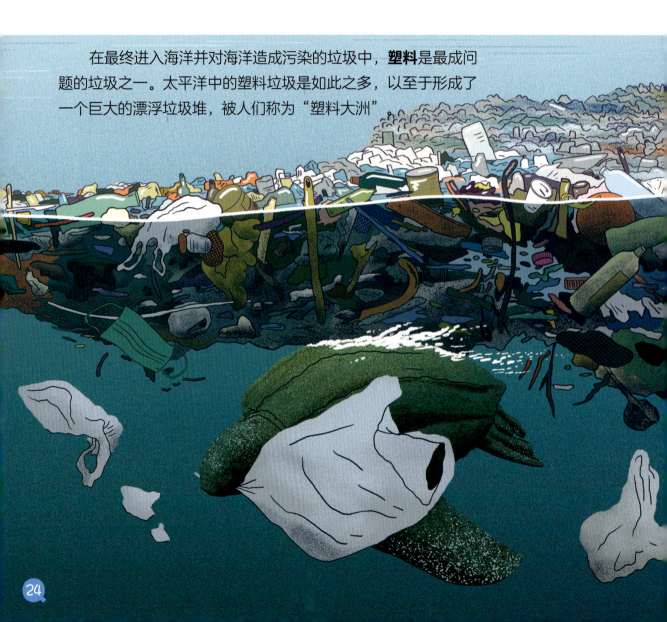

如今，每年出现在海里的塑料垃圾有800万吨。它们主要来自大陆，是由江河带来的。这个问题促使一些国家采取了一系列措施来**限制**塑料的生产和使用。

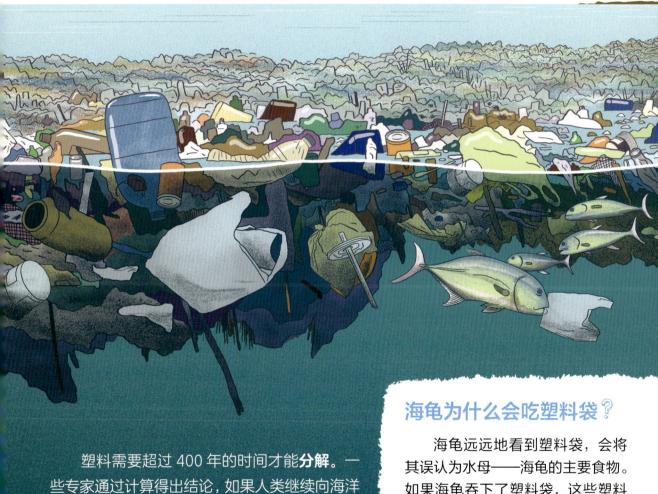

塑料需要超过 400 年的时间才能**分解**。一些专家通过计算得出结论，如果人类继续向海洋中丢弃塑料，到 2050 年，全世界海洋里的塑料数量将会超过鱼类！

海龟为什么会吃塑料袋？

海龟远远地看到塑料袋，会将其误认为水母——海龟的主要食物。如果海龟吞下了塑料袋，这些塑料袋可能会堵塞海龟的消化道并导致它们死亡。

什么是海啸？

海啸是由地震引起、在海洋中传播的一系列**海浪**。这些海浪会聚集在一起，形成更为巨大的海浪，并袭击一些国家的海岸。

这些海底地震是由**构造板块**在海底运动并互相碰撞引起的。

海啸是**自然灾害**，它会造成非常严重的后果：将人们卷入海中，摧毁房屋，甚至淹没整个城市。

海啸在许多西方语言中被称为"tsunami"，这是日语词汇"津波"的读音。**日本**是受海啸影响最大的国家之一。2011年的日本海啸，海浪高达40米，最终造成18 000多人死亡。

海渊是海洋里最深的区域。那儿生活着种类繁多的生物，但只有一小部分被人类所知。世界上**最深的地方**在太平洋，那就是马里亚纳海沟。

28

过去很长一段时间里，科学家们认为海渊里不可能存在生命，因为那里的水温非常低，水压非常高，并且没有光。而今天，我们知道，情况恰恰相反，海渊里生活着很多**令人惊叹的物种**，这些物种是在其他任何地方都找不到的。

海渊里的动物，比如尖牙鱼，以**海洋雪**为食：这是一些来自海洋上部水域的有机物分解后的微小颗粒。

为什么海渊里的一些动物可以发光？

海渊深陷在黑暗之中。作为补偿，一些动物通过进化为自己制造了光源，比如深海鮟鱇（ānkāng）鱼！这种现象就是"生物发光"。

关于海洋，有哪些**传说**呢 ❓

古希腊人认为风暴来自于**波塞冬**的愤怒。波塞冬是古希腊神话中的海神，生活在海底的一个金色宫殿里。

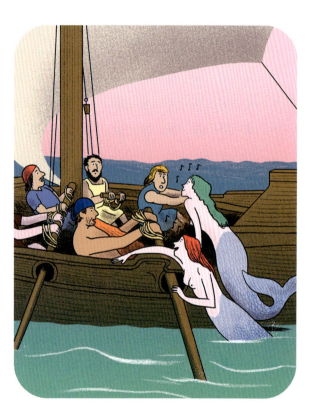

传说中，**美人鱼**是一种半人半鱼的生物，她们诱惑水手，使他们丧失理智。一些航海家声称他们曾在船附近看到过美人鱼，这种说法源于著名的航海家克里斯托弗·哥伦布！

传说中，**亚特兰蒂斯**是一座美丽富饶的岛屿，早在远古时期便被洪水吞没。根据传说，这座令人难以置信的城市仍然保存完好，就存在于海底的某个地方。

根据一些传说，**克拉肯**和**利维坦**是深海里的两只海怪。克拉肯长得像一只巨大的章鱼，而利维坦长得像一条巨大的蛇。

全球变暖对海洋有影响吗？

全球变暖正在导致海水温度升高。**大浮冰**，即位于北冰洋海面的冰层，正在慢慢地融化，那儿的"居民"面临着灭绝的危险。

冰川融化的另一个后果是**海平面**上升。一些沿海城市，比如四面环水的威尼斯，有被淹没的风险。

海洋吸收了人类所释放的污染。汽车、飞机和工厂对我们所处的环境以及海洋都造成了**污染**。

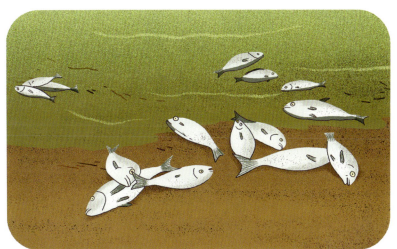

海洋的温度越高，二氧化碳溶解得越慢。珊瑚、软体动物、甲壳类动物、鱼类等会因无法适应这一快速变化而慢慢死亡。

如何**保护**海洋 ❓

海滩清洁有助于保护海洋环境。人们在海水退潮时聚集在一起，收集那些散落在海滩上的东西，防止海水在涨潮时将这些垃圾带到海里。

为了保护海洋，一些人会尽可能地**限制使用塑料**，过着一种"零垃圾"的生活。他们会反复使用他们的容器，尽量不把它们丢掉，以减少垃圾的产生。

34

　　海洋保护区的建立使一些物种在其正在消失的区域又恢复了生机。这些区域受到监视，在那儿，捕鱼和开发都是被禁止的。

海洋保护区 ♨

防晒霜会使鱼中毒吗❓

　　防晒霜中含有的物质对"海洋居民"是有害的。幸运的是，有些防晒霜经过特别改良，不会毒害"海洋居民"。

《我的小问题》（50册礼盒装） 适读年龄：4-8岁

简洁生动的语言，细致幽默的场景式图画，充分满足孩子的好奇心，塑造孩子的世界观。

《亲亲体育图书馆》（全13册）

适读年龄：5-8岁

给孩子的运动启蒙图画书，无须磕磕碰碰，让孩子轻松爱上运动。

《臭鼬大侦探》（全4册）

适读年龄：7-10岁

动物界的"福尔摩斯"爆笑来袭，专属于孩子的探案故事，激发孩子的无穷想象力。

Written by Prune Mahésine, illustrated by Nikol

Les océans – Mes p'tites questions nature © Éditions Milan, France, 2021

图字：09-2021-1017号

第七辑

货 币

［法］露西·德·拉埃罗尼埃 / 著

［法］樊尚·索雷尔 / 绘

唐 波 / 译

上海文化出版社

货币是一直都
存在的吗❓
第4-5页

人类为什么要
发明货币❓
第6-7页

用钱可以买到
一切吗❓
第8-9页

纸币上的那些图案
是什么❓
第16-17页

硬币
是金的还是银的❓
第18-19页

是谁给我的
老师支付工资，并
为学校所有的物资
材料买单❓
第24-25页

银行
是如何运作的❓
第26-27页

什么是银行卡❓
第28-29页

世界各地的货币都相同吗？
第10-11页

如何才能得到钱呢？
第12-13页

纸币和硬币是由谁制造的？
第14-15页

为什么有些人有很多钱，有些人却没有？
第20-21页

为什么有些东西非常贵？
第22-23页

为什么父母不能给我买所有我想要的东西？
第30-31页

为什么父母希望我把生日那天得到的钱存起来？
第32-33页

有为国家提供服务的银行吗？
第34-35页

货币是一直都存在的吗❓

以物易物是一种非常古老的发明。它所遵循的原则是什么呢？那就是用一种物品换取另一种物品。举个例子，用一袋小麦换一块肉！但这种方法并不总能奏效。如果拥有肉的人不想要小麦，那该怎么办呢？

随着时间的推移，人类产生了发明一种可以用于交换任何东西的商品——货币的想法。起初，用来充当货币的是一些便于携带的天然产品，比如盐、大米、贝壳等。后来，一些不易变质腐蚀的金属物品成了货币，比如戒指、工具、锅等。

最早的用于交换的货币

大米

盐

贝壳

过去，在印度，人们可以用一把贝壳买到水果。

克罗伊斯国王发明的金币

公元前6世纪，吕底亚国王克罗伊斯发明了**金属铸币**，它们有着相同的形状、相同的重量，并刻有识别标记！这些实用的货币是由坚硬的材料（金或银）制成的，就和今天的硬币一样！

中国是世界上最早发明和使用纸币的国家，早在11世纪，纸币就在宋朝出现了。17世纪，欧洲的银行家们开始发行一种**带有面值的票据**。这些票据就是欧洲**钞票**的雏形！人们须用黄金来交换这些票据。

中国，11世纪：最早的纸币

瑞典，17世纪：欧洲第一次尝试发行的银行钞票

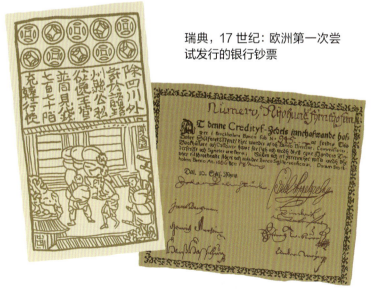

金条

人类为什么要发明货币？

你想吃一块美味的蛋糕，但你只有一些弹珠！由于糕点师对你的小玩具并不感兴趣，所以你只能用钱来买点心……这就是你的**支付方式**。它让交换变得更加容易！

货币也用于赋予**价值**，为待售的物品定价。因此，你知道在法国境内，任何人都可以用大约1欧元买到一根长棍面包。这多方便呀！

如果不想立刻花掉这笔钱，你也可以把它存起来，用于以后的消费。你把钱**保存**一段时间而不去使用它，这就叫作"**储蓄**"。储蓄也是货币古老的职能之一。

西红柿
2.50
欧元/千克

3.00 欧元/千克

2.50 欧元/千克

货币有一天会消失吗？

人类未来不太可能会取消货币。但是，人们会越来越多地使用银行卡，而减少对硬币和钞票的使用。这种被称为"现金"的货币也许某一天会消失。

用钱可以买到**一切**吗❓

所有人都要吃饭、喝水，要有地方住、有衣服穿，冬天还要取暖……货币可以用来支付所有这些**必需品**。

你也可以用金钱购买你**想要**的东西，比如一个新玩具、一次家庭海边度假、一个新书包、一个美味的冰激凌……这些东西不一定是生活必需品，但是它们能使我们开心。

幸运的是，并不是所有东西都需要付费！欣赏美丽的风景，呼吸新鲜的空气，跃入河中嬉戏，在田野间采摘美丽的花朵，在小路上奔跑，观赏日落……这些都是**免费**的！

此外，还有一些时刻或感情是非常**珍贵**的：父母的爱，朋友的情谊，与喜欢的人一起谈笑聊天的时光。这些都与金钱无关，因为它们是**无价**的！

世界各地的货币都相同吗

　　历史上，**政治首脑**会通过货币来彰显自己的权力。比如，在古罗马，整个罗马帝国流通的硬币上都印着皇帝的肖像。后来，每个**国家**都发明了自己的货币，以与其他国家的货币区分开来。

　　在今天的欧洲，情况又有所不同。欧盟（EU）是一个有着27个成员国的组织。在这些成员国里，有些国家决定创立并使用同一种货币，即**欧元**。这样做的目的是加强欧盟的实力，同时也可以加强欧盟各国人民之间的联系。

> **欧元区的 19 个成员国**
>
> 德国、奥地利、比利时、塞浦路斯、西班牙、爱沙尼亚、芬兰、法国、希腊、爱尔兰、意大利、拉脱维亚、立陶宛、卢森堡、马耳他、荷兰、葡萄牙、斯洛伐克、斯洛文尼亚。

　　欧元也让使用国拥有了一种稳定的货币，欧盟的国与国之间无须再进行货币兑换。这样使得欧元区国家之间的**交流更加便利**（比如贸易、旅游等）。法国人在意大利旅行可以更加方便，一家西班牙公司也能更容易地将它的产品卖到德国，等等。

有多少个国家使用欧元呢？

　　1999 年，欧元被正式启用，有 11 个国家（其中包括法国、西班牙、德国和意大利）决定使用欧元。今天，一共有 19 个国家在使用这种通用货币。它们都是"欧元区"的一分子。

如何才能**得到钱**呢？

有些人很有钱，是因为他们的家庭非常富有。当一个人去世，并将他的所有财富或物质财产（比如房屋、首饰……）都留给自己的孩子时，我们说这是**遗产继承**。

为了赚到钱，大多数成年人都要有一份**工作**。每个人都有自己的职业：面包师制作面包，老师给学生授课，公交车司机驾驶公共汽车……作为工作的回报，他们会在每个月得到一份工资。

儿童不能工作和购买彩票，但他们可以向父母要一点**零花钱**，或者在一些特殊的日子（比如生日、圣诞节……）得到一点钱。一些父母还会要求孩子们在家里做一些简单的家务，然后给他们一点钱作为奖励。

还有一种赚钱的方式是购买彩票……因为有非常多的人购买彩票，一笔数目巨大的奖金便积累起来。机遇会让幸运的玩家赢得大奖！

纸币和硬币是由谁制造的

欧元纸币是由一些银行制造的，这些银行被称为**中央银行**。欧元区的每个国家都有一个中央银行。所有这些中央银行都由一家"超级"银行领导，即位于德国法兰克福的欧洲中央银行（ECB）。比如，欧洲中央银行决定着每个国家制造的欧元的数量。

巴黎钱币博物馆

一个探索货币的历史及工艺的地方

法国的中央银行是法兰西银行。它归国家所有，是唯一有权发行纸币的银行。制造纸币的**印刷厂**位于奥弗涅。

　　欧盟各国还有制造自己国家硬币的任务。在法国，巴黎**造币厂**负责**"轧制"**硬币。它的工厂位于波尔多附近的佩萨克。位于巴黎的原始工厂如今主要用作博物馆（巴黎钱币博物馆），里面收藏了许多古钱币。

为什么我们不多制造一些货币并把它们分给穷人呢？

　　遗憾的是，这是不可能的……因为那样的话，会有太多的货币处于流通状态。而当流通的货币过多时，钱就不再值钱了！当硬币和钞票的价值降低后，所有商品的价格都会上涨。

纸币上的那些图案是什么❓

欧元纸币是由非常结实的**特殊纸张**制成的，因为它们要在整个欧洲"旅行"。在每一张纸币上，我们都能发现一些重要的**标志**元素，比如欧洲地图和欧盟旗帜。

10 欧元纸币背面

桥梁　　　　　冠号

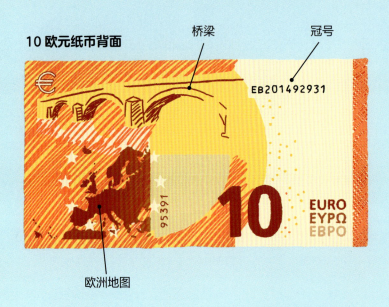

欧洲地图

10 欧元纸币正面

欧盟旗帜

凸起线

是真币还是假币呢？纸币上有好几处**安全标识**来让我们辨别纸币的真伪：冠号、凹版印刷、彩虹带，还有水印图案……

门、窗、桥梁……这些图案代表了欧盟对全世界的**开放**，以及欧盟所有居民之间的联系。这些建筑是想象出来的，现实中并不存在！

彩虹带

特殊纸张

大门

破损或撕裂的纸币会被扔掉吗？

所有的国家中央银行，比如法兰西银行，每年都会回收大量破损严重的纸币。这些纸币会被销毁，然后被全新的纸币所取代！

硬币是金的还是银的 ❓

欧元硬币是由多种**金属**制成的，比如镍、镀铜钢，还有"北欧金"（一种合金，但并不含黄金）。这些金属不像黄金或白银那么珍贵，却非常坚固。

地球

欧洲地图

欧元区所有国家硬币的正面都是相同的，我们可以看到硬币的**面值**：10欧分、1欧元、2欧元……在这个数字旁边，我们能看到一个**欧洲地图**的图案。而在小面值"红色"硬币（1欧分、2欧分、5欧分）的正面，我们能看到欧洲在地球上所处位置的图案。

在欧元硬币的背面，每个发行国会刻上代表他们国家的**图案**，比如德国硬币上的鹰、奥地利硬币上的莫扎特、法国硬币上的玛丽安娜肖像……这些硬币会从一个国家流通到另一个国家，所以法国人可能会遇到一枚来自爱尔兰或葡萄牙的硬币。

竖琴
爱尔兰

被宙斯绑架的欧罗巴
希腊

1144 年的葡萄牙国王印章
葡萄牙

法国，2018 年
向西蒙娜·韦伊致敬

葡萄牙，2018 年
阿茹达植物园 250 周年

奥地利，2018 年
奥地利共和国 100 周年

西班牙，2018 年
圣地亚哥-德孔波斯特拉古城

还有一些被称为**"纪念币"**的2欧元硬币，用来庆祝特定事件或纪念历史人物。一些收藏家正在寻找那些最稀有的纪念币！

为什么有些人有**很多钱**，有些人却没有❓

一个人的**工资**与他所在的公司、他的年龄、他的受教育程度以及他的职业有关。但是，并不取决于他所从事的工作是否重要：一份对社会来说不可或缺的工作可能工资会很低。而且，遗憾的是，女性的工资仍然常常低于男性。

有时候，成年人会失去工作或者找不到工作。这样的话，他们就处于**失业**状态，这通常也意味着他们没有多少钱来维持生活。在法国，求职者会在一个特殊机构，即就业中心注册，以便在找工作的过程中获得帮助和支持。

并不是所有人生下来都有相同的机会和条件。有些人生活在**富裕**的家庭里，有些人则生活在**贫困**的家庭里。比如，一个年轻人，若他的父母能为他支付学费，那么他将来更容易找到工作。

在大部分国家，财富的分配会不均匀。人与人之间**收入不平等**的现象很难被打破。而这种不平等又造成了其他不平等的出现，比如是否有条件去医院治病，是否有条件去上学读书……

为什么有些东西非常贵？

一样东西的**价格**首先取决于它所使用的**原材料**。一个金盘子比一个塑料盘子要贵得多，即便它们的用处是一样的。一家提供稀有食物和精致美食的餐厅比一家快餐厅要贵……

价格还取决于生产该物品或提供该服务所必需的**劳动**。是否需要很多劳动时间？是否需要很多工作人员、支付更多的工资？

有时候，一件物品之所以非常昂贵，是因为它很**稀有**：一颗钻石，一位伟大艺术家的作品……同样地，精美的包装、拍得很美的广告也会对我们产生影响，让我们预备为之支付更多……制造商便会因此提高价格！

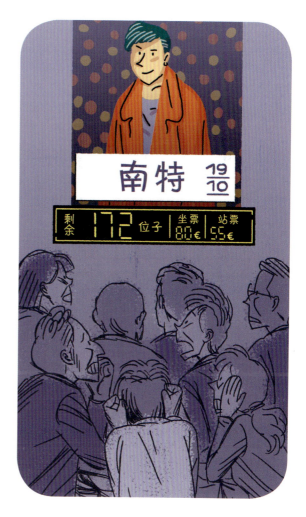

价格还取决于人们的**需求**，这个需求是就一种物品的可支配数量而言的。有很多人想去看一位大明星的演唱会，但是演唱会的座位是有限的，所以，门票就会很贵。

是谁给我的老师支付工资，并为学校所有的物资材料买单？

达到一定收入水平的成年人要定期缴纳**税款**。这是根据每个人的收入计算出来的一笔钱。所有税款都要交给国家，用来为有益于所有人的事项提供资金。

因此，税款就能被用来为那些对社会来说**必不可少**的服务付费，比如学校和图书馆的建设及维护，老师、法官的工资，道路的建设，甚至为找到新疫苗而进行的科学研究⋯⋯

学校

学校

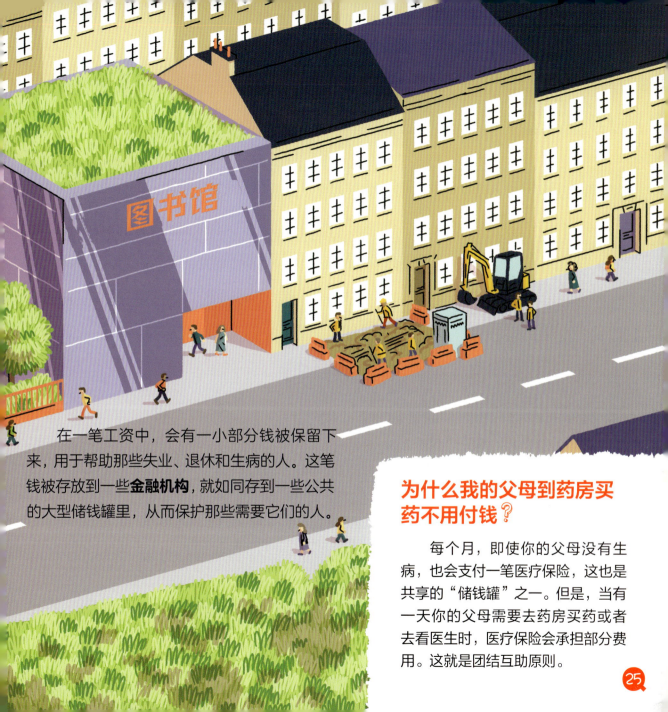

图书馆

在一笔工资中，会有一小部分钱被保留下来，用于帮助那些失业、退休和生病的人。这笔钱被存放到一些**金融机构**，就如同存到一些公共的大型储钱罐里，从而保护那些需要它们的人。

为什么我的父母到药房买药不用付钱？

每个月，即使你的父母没有生病，也会支付一笔医疗保险，这也是共享的"储钱罐"之一。但是，当有一天你的父母需要去药房买药或者去看医生时，医疗保险会承担部分费用。这就是团结互助原则。

25

银行是如何运作的❓

每个月，你的父母会收到他们的**工资**。它并不是一个装满钞票的信封，而是出现在银行账户上的一行数字。雇主会将工资款转入你父母的银行账户。之后，你的父母就可以使用这笔钱了。

通过**银行账户**，你的父母可以支付各种费用。银行管理着提供给用户的各种付款方式：支票、信用卡，还有不同账户之间的转账。

因此，我们说货币被"非物质化"了。它是**虚拟**的，而不是以硬币和纸币的形式存在，除非我们从自动取款机上提取现金。银行通过一些复杂的计算软件来进行管理。但是，在银行的保险柜里，没有堆积如山的硬币，也没有金条。

当大人想买一些昂贵的东西时，他们会怎么做？

银行会借一些钱给它的客户，使他们能够购买一些很贵的东西（一辆汽车，一套房子……），或者启动一些项目（比如成立一家公司）。之后，这些客户必须在几个月或者几年的时间内将所借的钱还给银行。

什么是**银行卡**？

实际上，银行卡是一张长方形的塑料卡片，上面有一个号码、持有者的姓名以及一块电子芯片。如果想要使用它，必须知道它的**密码**。

芯片　　　　　　卡号

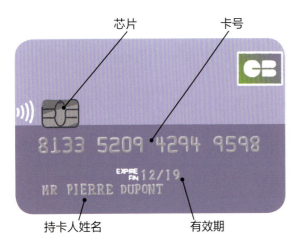

持卡人姓名　　　　有效期

签名　　　　　　磁条

这种卡片由银行提供给它的成年客户使用。银行卡可以用来在商店**支付**货款，或者在网上购物。我们还可以使用银行卡在**自动取款机**上提取现金。

但是，我们不能无休止地在取款机上取钱或者购物！这张卡有限制。我们只能使用我们所拥有的钱，也就是我们在银行账户上的**可用**资金。

收款人姓名　　　　　大写金额　　　　　　数字金额

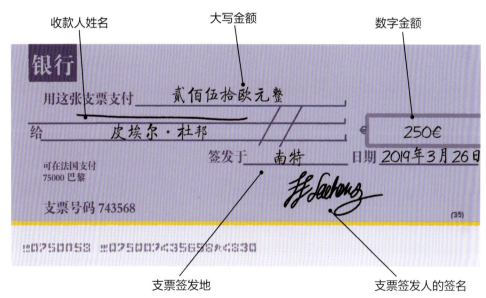

银行

用这张支票支付　　　贰佰伍拾欧元整

给　　　皮埃尔·杜邦

可在法国支付
75000 巴黎

支票号码 743568

签发于　　南特　　　日期 2019年3月26日

€　　　250€

(35)

支票签发地　　　　　　　　　支票签发人的签名

支票也是一种支付方式。在这张长方形的纸上，必须写下转账金额以及收款人姓名。这笔钱将从一个银行账户转到另一个银行账户。

为什么父母不能给我买所有我想要的东西？

你的父母每个月要用他们的工资给很多东西付款。他们的开销不能超过他们所拥有的钱！因此，他们必须控制**预算**，也就是说，让收入（他们所赚到的钱）和支出（他们所支付的钱）达到平衡。

固定支出	550
房租	850
医疗互助保险	50
房屋保险	20
汽车保险	25
网络	30

他们有一些**固定支出**，比如房屋的租金或贷款。他们还要去超市购物，给汽车加油，支付上网费、水费、电费……

棉花糖

最后，预算里剩下来的钱就可以用来让大家**开心**了。这笔钱并不是用不完的，父母可以带着家人一起去集市，或者给孩子们买一个新书包。

父母还要支付那些**无法预料**的开支：支付水管工修理漏水管道的费用，更换不再运行的电脑，带生病的猫去看兽医，等等。

为什么父母希望我把生日那天得到的钱**存起来**❓

如果你在某些场合收到了一些钱，你可以将它们**存起来**。存钱，意味着你把钱保存下来以备后用。为什么要这样做呢？

从这儿得到一张纸币，从那儿得到几枚硬币……一段时间之后，也许你就能存足够的钱来进行一次**大采购**：购买一个电子游戏机或者一辆新自行车……

父母也会存钱。他们会将钱放入一个"**储蓄**"账户。这笔钱将被用于那些无法预见的开支或者大笔的花销，比如出去旅行、购买一套公寓。

我能把我的钱放在哪儿呢？

你可以把你的钱放在一个储钱罐里，这个封闭的罐子通常是个小猪的造型，用来存放硬币和纸币。在法国，孩子们也可以在银行建立一个储蓄账户。

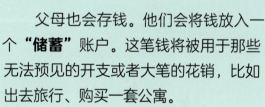

有为**国家**提供服务的银行吗

接下来，国家必须偿还这笔钱，另外还必须支付利息，也就是说，要额外支付一小笔钱。这时候，我们就说，这个国家有一笔**"债务"**。有时候，当这笔债务变得过于繁重时，这个国家就很难再借到钱了。

和个人一样，一个国家也可以**借钱**。那是怎么做的呢？国家会发行一种承诺在将来偿还一定金额的证券。一些大型银行便会从国家那里购买这种证券……

在这种情况下，由189个国家组成的**国际货币基金组织（IMF）**会给有资金困难的成员国提供借款……但这是有特定条件的，比如有资金困难的国家有义务在将来减少支出。

世界银行是另一个国际组织。它向需要资金的发展中国家提供贷款。这些贷款更多是为一些特别**项目**（农业、教育、卫生、交通……）提供资金。

《我的小问题》（50册礼盒装） 适读年龄：4-8岁

简洁生动的语言，细致幽默的场景式图画，充分满足孩子的好奇心，塑造孩子的世界观。

《亲亲体育图书馆》（全13册）

适读年龄：5-8岁

给孩子的运动启蒙图画书，无须磕磕碰碰，让孩子轻松爱上运动。

《臭鼬大侦探》（全4册）

适读年龄：7-10岁

动物界的"福尔摩斯"爆笑来袭，专属于孩子的探案故事，激发孩子的无穷想象力。

Written by Lucie de la Héronnière, illustrated by Vincent Sorel
L'argent – Mes p'tites questions © Éditions Milan, France, 2019

图字：09-2021-1017号

我的小问题 第七辑

地理大发现

[法]塞利娜·巴蒂亚斯·拉斯卡卢/著

[法]桑德拉·德·拉普拉达/绘

唐　波/译

上海文化出版社

什么是
地理大发现？
第4-5页

以前欧洲人认为世
界是什么样子的？
第6-7页

人类为什么要去
探险？
第8-9页

去探险
要花很长时间吗？
第16-17页

探险家们是如何
找到航海路线的？
第18-19页

探险家们
发现了什么？
第24-25页

殖民者
是些什么人？
第26-27页

海盗
也是探险者吗？
第28-29页

谁给探险提供了
资金？
第10–11页

有哪些著名的
探险家？
第12–13页

是维京人发现了
美洲吗？
第14–15页

探险家们
是如何在卡拉维尔
帆船上生活的？
第20–21页

谁是第一个
环球航行的人？
第22–23页

什么是
"黑奴贸易"？
第30–31页

只有欧洲人参与了
地理大发现吗？
第32–33页

探险家们
是什么时候发现
澳大利亚的？
第34–35页

什么是地理大发现？

地理大发现是指从15世纪起，欧洲人在海上发现"**新土地**"的时期。

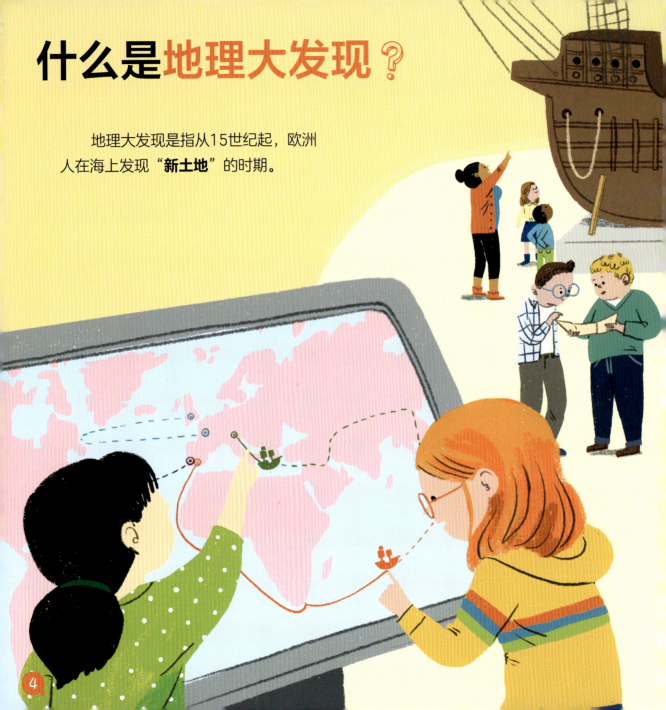

15世纪到17世纪，**一些探险家**，比如克里斯托弗·哥伦布、瓦斯科·达·伽马、弗朗西斯·德雷克等，探索了非洲海岸，发现了美洲大陆，并乘船进行了全球航行。

弗朗西斯·德雷克　克里斯托弗·哥伦布　瓦斯科·达·伽马　儒勒·迪蒙·迪维尔

在这三个世纪里，所有**有人居住的**大陆，包括亚洲、非洲、美洲和大洋洲，都被发现了。在世界地图上，几乎没有不为人所知的土地。

法国人是什么时候发现南极洲的？

法国人儒勒·迪蒙·迪维尔于1840年发现了南极洲。公元前4世纪，古希腊思想家亚里士多德断言，在南半球也有一块大陆，与北半球的北极地区相平衡，但是没有人相信他。直到16世纪，麦哲伦的水手们才在美洲南部看到了一片冰冻的陆地。

以前欧洲人认为世界是什么样子的❓

1350年左右，欧洲人只知道地中海、非洲东海岸和印度洋的轮廓。他们不知道在加那利群岛以南还存在着大洋洲、美洲和南极洲。

美洲　欧洲　亚洲　地中海　非洲　大西洋　印度洋

■ 已知陆地　　■ 未知陆地

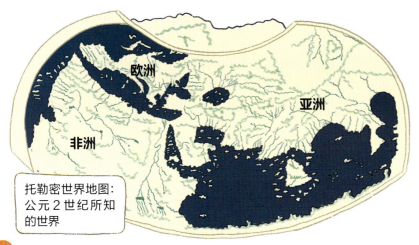

欧洲　亚洲　非洲

托勒密世界地图：公元2世纪所知的世界

15世纪，欧洲人重新发现了古希腊学者的著作。这些学者通过观察月食发生时地球投射在月球上的影子，就已经知道了地球是圆的。

地图变得越来越精确。为了进行定位，人们还用转印印刷的方法在地图上印了纬线和经线。**1570年**，弗拉芒地图绘制师和地理学家亚伯拉罕·奥特柳斯甚至绘制了一本世界地图册。

世界概貌

北方

美洲　　**欧洲**

亚洲

北回归线　　　　　　　　**非洲**

赤道

南回归线

尚未开发的南方陆地

亚伯拉罕·奥特柳斯

冰岛 1585 年

你知道人们为什么要在地图上写"这里有**龙**"，并画一些海蛇和其他神话里的生物吗？这是为了提醒海员们注意未知陆地上的危险。

人类为什么要去探险？

最早去探险的船长是一些**经验丰富**的航海家，以及为欧洲统治者执行任务的士兵。他们想要绕过非洲或者向西航行到达印度，以获得那里的资源。

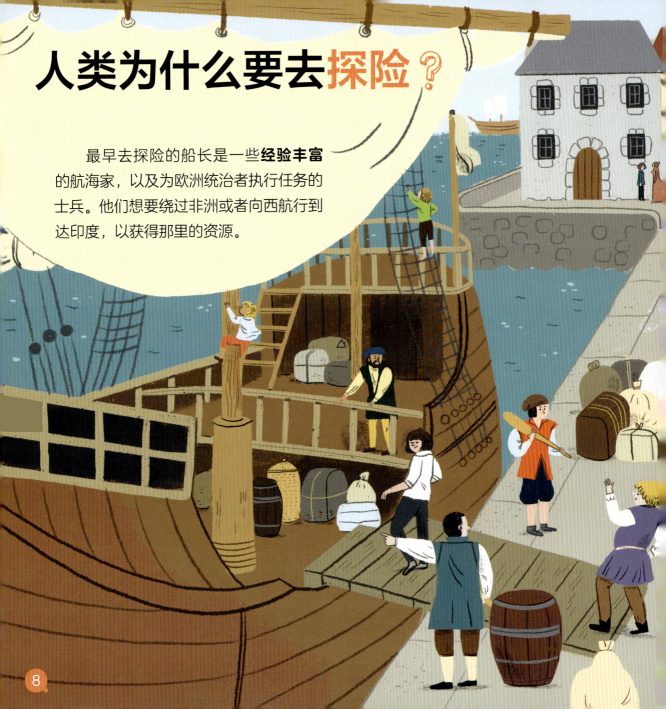

直到15世纪中叶，阿拉伯商人才通过**陆路**从中国和印度运来奢侈的商品。丝绸和香料被以非常昂贵的价格卖给热那亚和威尼斯的商人，再被这些商人销往整个欧洲。

1453年，奥斯曼土耳其人攻占了**君士坦丁堡**后，关闭了前往亚洲的通道。以葡萄牙人和西班牙人为首的欧洲人，试图寻找一条新的通往香料之国的道路。

他们是如何招募水手的❓

英国和法国的做法是强制招募，即强征水兵。他们会使用武力，强行把在小酒馆里喝酒的人拉上船。而且，为了完成人员配备，他们还会招募一些8岁以上的孩子充当小水手。

谁给探险提供了资金？

1416年，葡萄牙王子、航海家亨利派遣一些水手前往西非海岸探险。西班牙的统治者，**伊莎贝拉一世**和**费尔南多二世**在1492年至1504年期间资助了克里斯托弗·哥伦布的海上航行。1519年，西班牙国王查理五世资助麦哲伦进行了环球航行。

欧洲的**统治者**希望开辟一条直接去往印度的航路，以获得那里的资源，比如香料、织物和贵重金属，从而让他们的王国变得富有。

不过，这也是与伊斯兰世界的新一轮对抗。在**教皇**亚历山大六世的鼓动下，葡萄牙和西班牙的国王想要去往非洲和亚洲，让那里的人信奉天主教。

一些**商人**也对海上探险进行了资助。1496年，威尼斯航海家约翰·卡伯特启程寻找一条通往印度的航道。他服务于英国国王亨利七世，但他的船只装备是由佛罗伦萨富商巴尔迪家族资助的。

有哪些著名的探险家？

13世纪，威尼斯商人**马可·波罗**动身前往中国。他在中国一待就是二十几年。他在《马可·波罗游记》一书中讲述了这段中国之行，这激发了其他探险家的冒险之心。

亚速尔群岛　休达
加那利群岛
博哈多尔角
佛得角群岛
十字角
好望角

15世纪，**葡萄牙**航海家一路向南探索了非洲海岸。他们于1427年发现了亚速尔群岛。1488年，**巴尔托洛梅乌·迪亚士**抵达非洲最南端的好望角。1498年，**瓦斯科·达·伽马**通过这条路线到达印度。

由**西班牙**资助的航海家向西航行。1492年，意大利热那亚人**克里斯托弗·哥伦布**在美洲登陆，但他以为自己到了印度。他总共进行了四次航海探险，却没有意识到自己发现了一个新大陆。

待发现的土地：■ 属于西班牙　■ 属于葡萄牙

为了避免西班牙和葡萄牙两国因为待发现的土地而爆发战争，教皇亚历山大六世在大西洋中部画了一条"分界线"。"分界线"以东的土地归葡萄牙，"分界线"以西的土地归西班牙。这就是1494年签订的**《托尔德西里亚斯条约》**。

是维京人发现了美洲吗 ❓

莱夫·埃里克松

公元1000年左右，一位冰岛商人声称在西方看到了一片陆地。冰岛维京人**莱夫·埃里克松**从格陵兰出发，并在一个未知的海岸登陆，那里是今日加拿大的一个省。他发现了北美大陆。

西部定居点

东部定居点

文兰

大西洋

北美洲

太平洋

500年后，航海家**克里斯托弗·哥伦布**深信欧洲与亚洲之间只隔了一个海洋。伊莎贝拉一世和费尔南多二世资助了他的海上探险。

特立尼达

南美洲

冰岛

挪威

苏格兰

爱尔兰

1492年8月3日，哥伦布率领三艘船和90个人扬帆起航。经过33天的航行，10月12日，他在巴哈马登陆。

欧洲

他相信他是到了印度，并将那儿的居民称为"印第安人"。回到西班牙后，他受到了英雄般的欢迎，并被封为贵族。

亚洲

克里斯托弗·哥伦布

巴罗斯港

加的斯

加那利群岛

佛得角群岛

非洲

哥伦布共进行了几次航行？

1492年到1504年间，哥伦布共进行了四次航行。1493年，他率领17艘船和1200人出海！他在安的列斯群岛上探险，并到处建立殖民地。在第三次航行期间，他终于在今日的委内瑞拉海岸登陆美洲大陆。

— 第一次航行　— 第二次航行
— 第三次航行　— 第四次航行

去探险要花很长时间吗 ❓

在那个年代，船只航行得不是很快。因此，水手们要在海上逗留数月甚至**数年**！为了完成环球之行，麦哲伦的船员们在海上花了差不多三年时间！

在海上，船舶的航行速度会因很多**意外事故**而放慢，比如遇到逆风或狂风、桅杆断裂、船体损坏、海盗袭击等。而且，在**淡水补充点**停船补给淡水也是必须的。

在这样的航行速度下，船长们就有时间来**讲述**他们的探险之旅了。克里斯托弗·哥伦布每天都会在航海日志里描述船只所遵循的路线、洋流和风向、船员们的行为、发现的岛屿和人。

我们是如何知道探险家们在海上发生了什么事的？

通常，探险家们只有在返回之后，才会向人们讲述一路上的发现。但是，他们也可以将航海日志交给在路上遇到的其他船只。

17

探险家们是如何找到航海路线的 ❓

中世纪时，海员们主要沿着海岸航行。他们在航行中用**推算船位法**来进行定位，也就是通过星辰——白天的太阳和晚上的北极星，来确定船的位置。

星盘

指南针

航海日晷

16世纪，葡萄牙水手使用三种仪器来确定方向：一种是中国自古就有的、12世纪末在欧洲变得广为人知的**指南针**，这种仪器的磁针指向北方；还有星盘和航海日晷，这两种仪器能测量中午时分太阳在水平线上的高度，并确定纬度。

但是指南针可能会出错，而且在天气恶劣的时候，航海家们既不能使用航海日晷也不能使用星盘。更不用说在**逆风**情况下了，这可能会阻碍航海家们返回欧洲！

亚速尔群岛

葡萄牙

拉各斯

休达

西风

马德拉

加那利群岛

博哈多尔角

东北信风

非洲

白角

佛得角群岛

大西洋

葡萄牙的水手们发现，如果绕道亚速尔群岛，便可借助风力返回葡萄牙。一种叫作**"沃尔塔"**的迂回行船技术就这样诞生了！时至今日，人们还在使用这一技术。

探险家们是如何在
卡拉维尔帆船① 上生活的 ❓

　　大约有**二十多个人**生活在船上。船长是最有权威的，但是他又不能过于独断专行，不然船员们可能会造反！领航员是很有经验的航海家，他会协助船长的工作。船上还有一个木匠、一个厨师、一个外科医生和一些水手。他们都在18到25岁之间，工作辛苦，伙食条件也不好，还经常睡在甲板上。

补给船

卡拉维尔帆船

　　卡拉维尔帆船长20余米，但是船舱很小。它在海上航行时，有一艘更大的船**跟随**着它，这艘船上装有粮食和设备。

卡拉维尔帆船非常**容易操纵**。它的三角形船帆会随着风向绕着桅杆旋转，而方形船帆则可以让船顺风航行。高高的船体能够抵御海浪。平坦加厚的船底则能让船很好地靠岸停泊。

①卡拉维尔帆船是一种盛行于15世纪的三桅帆船，当时的葡萄牙和西班牙航海家普遍用它来进行海上探险。

什么是坏血病❓

坏血病是一种因缺乏维生素 C 而引起的疾病。经过几个月的海上航行后，船员们会牙痛流血。为了不让自己因疾病而死亡，他们必须吃新鲜的蔬菜和水果。

谁是第一个环球航行的人 ❓

费尔南多·德·麦哲伦
是一名为西班牙国王效力的葡萄牙航海家。他想经由西部到达"香料群岛"——摩鹿加群岛（今日印度尼西亚的一个群岛）。

塞维利亚

胡椒

摩鹿加群岛

肉豆蔻

1519年9月，他率领一支由五艘海船、237人组成的船队出发了。他沿着美洲海岸向南航行，希望找到一条通往太平洋的**航路**。经历了一个冬天、一次海难和一场叛乱后，1520年10月21日，他发现了一个海峡，并找到了一条峡道！他花了将近40天的时间才穿过这个海峡。

麦哲伦和他的船员于1521年3月抵达菲律宾。4月27日，他被一些拒绝归顺的当地人**杀死**。

桑卢卡尔 – 德巴拉梅达
1519 年 9 月 20 日 出发
1522 年 9 月 6 日返回

佛得角群岛
1522 年 7 月

加那利群岛
1519 年 9 月

麦哲伦逝世
1521 年 4 月 27 日

菲律宾
1521 年 3 月

里约热内卢湾
1519 年 12 月

帝汶岛
1522 年 1 月

叛乱
1520 年 3 月

好望角
1522 年 5 月

麦哲伦海峡
1520 年 10 月

麦哲伦　　　　埃尔卡诺

麦哲伦死后，他的副手**胡安·塞巴斯蒂安·埃尔卡诺**继任船队指挥。他到达非洲海岸，绕过非洲南端的好望角，返回西班牙，从而完成了第一次环球航行。

探险家们发现了什么？

　　探险家们从美洲带回来很多**水果和蔬菜**：番茄、马铃薯、菜豆、玉米、可可、菠萝……还有烟草——一种古巴的印第安人用来吸食的植物，它被带到欧洲后，最初是作为药用的。

菜豆

菠萝

番茄

玉米

可可

马铃薯

他们还从亚洲带回来很多**香料**：来自摩鹿加群岛的丁香和肉豆蔻，来自印度的黑胡椒，来自斯里兰卡的桂皮。大部分烹饪方法都会用到香料，以给菜肴、葡萄酒甚至是糖衣杏仁增加香味。

在大洋洲，航海家们发现了面包树。这种树的果实被烤熟后，果肉就像面包心一样。在澳大利亚，他们遇到了一种跳跃的动物，英国探险家詹姆士·库克船长将其描述为"一种大型无角鹿"，这就是**袋鼠**。

殖民者是些什么人？

殖民者是一些穷困落魄的西班牙贵族。不管是普通**士兵**还是军人，都想跟随克里斯托弗·哥伦布的脚步，通过占领新大陆的土地和资源来获得财富。

1519年，西班牙殖民者埃尔南·科尔特斯带领人数不多但配有马匹和火枪的军队攻打**阿兹特克**帝国（今墨西哥）。经过多次屠杀和战役，他们于1521年杀死皇帝瓜特穆斯，占领了首都特诺奇提特兰，并掠夺阿兹特克人的财富。

1532年，另一个殖民者弗朗西斯克·皮萨罗攻打**印加帝国**（今秘鲁、哥伦比亚、厄瓜多尔和玻利维亚一带）。他俘虏了印加皇帝阿塔瓦尔帕，并不顾六吨黄金的赎金，将其处死，并洗劫了印加首都库斯科。

是殖民者把马带到了美洲吗❓

史前时代末期，马在美洲地区灭绝了。埃尔南·科尔特斯把 508 人和 16 匹马带到了墨西哥，印第安人对马这种新奇的动物惊讶不已。

27

海盗也是探险者吗？

16 世纪，英国女王**伊丽莎白一世**决定让她的国家成为海上强国。她让海盗为她服务，并让他们成为私掠者。她将海盗称为"海狗"，而她最得力的"海狗"就是弗朗西斯·德雷克。女王为五艘海盗船的设备提供了资助。

　　德雷克骚扰西班牙的殖民地，并袭击运载着黄金的西班牙船只。他占领了加利福尼亚北部的一块土地，并以伊丽莎白一世的名义将其命名为"新阿尔比恩"。1581年，德雷克完成环球航行后，女王封他为爵士。

什么是私掠者？

　　海盗是为了自己的利益抢劫船只，而私掠者是为了主权者的利益。17世纪和18世纪驻扎在安的列斯群岛上的海盗则专门在美洲沿岸袭击西班牙的船只，威廉·丹彼尔便是其中一个。他同时也是一位探险者，曾两次进行环球航行，并绘制了澳大利亚海岸线的地图。

　　伊丽莎白女王指示另一个私掠者**马丁·弗罗比舍**寻找一条从美洲西北部通往亚洲的航路。马丁在1576年至1578年间领导过三次探险航行，但都无功而返。

什么是“黑奴贸易”

这是对非洲黑人（包括男人、女人和儿童）的**抓捕**和**交易**，他们被贩卖到美洲大陆殖民地充当**奴隶**。统治者以缴纳捐税或者进行土地勘探作为交换条件，赋予了商人购买并运输人口的权利。

西班牙人、法国人、英国人、葡萄牙人和荷兰人在美洲建立了很多**种植园**，他们还开采金矿和银矿。被奴役的印第安人大量死亡。为了找到替换的劳动力，欧洲人开始从非洲进口奴隶。

一些装满了廉价商品的船只离开欧洲。到达非洲后，这些商品被用来**交换**那些被抓捕来的非洲黑人。这些被俘的人被铁链锁着，躺在货舱底部，然后被**卖**到美洲。海上航行要持续3到6个星期，很多人在到达目的地之前就已经死去。

之后，这些船只满载着烟草、糖、咖啡和可可，再次启程前往欧洲。这一三角贸易（欧洲－非洲－美洲）一直持续到19世纪。大约有**1200万**非洲人被押运到了美洲。

只有欧洲人参与了地理大发现吗❓

7世纪，受**中国**唐代皇帝派遣，僧人玄奘游历了中亚和印度。15世纪，中国明代水军将领郑和远航印度洋，并在非洲海岸登陆。

12世纪中叶，**阿拉伯**探险家和地理学家伊德里西绘制了第一张世界地图。1325年至1349年，**柏柏尔人**①探险家伊本·白图泰完成了多次旅行，总行程达120 000千米，他经过了通布图（今西非马里共和国的一个城市），还到过中国。

①柏柏尔人是西北非洲的一个说闪含语系柏柏尔语族的民族。

17世纪以前，**印度尼西亚**的渔民就知道澳大利亚的存在。欧洲人"发现"的大部分土地实际上早已**为人所知**。

探险家们利用了**当地口译者**和**水手**的知识。一个叫恩里克的马来奴隶兼翻译总是陪在麦哲伦身边。如果没有波利尼西亚航海家图帕伊亚的陪同，詹姆斯·库克就不会取得任何成就。

探险家们是什么时候发现澳大利亚的❓

这块曾被称为"新荷兰"的陆地自17世纪以来就为人所知。但是英国皇家海军军官**詹姆斯·库克**（1728—1779）以英国王室的名义占领了澳大利亚。

普利茅斯

欧洲

非洲

亚洲

好望角

巴达维亚

澳大利亚

印度洋

受伦敦**皇家学会**的委托，库克三次出海太平洋寻找南方大陆（也就是现今所知的南极洲）。他发现了新喀里多尼亚，绘制了新西兰的地图。他也是第一位环绕南极航行的航海家。

—— 第一次航海旅程　　—— 第二次航海旅程　　—— 第三次航海旅程

南冰洋

北冰洋

太平洋

大西洋

美洲

塔希提

新西兰

1768年，库克登上"奋进号"出海。4月29日，他在澳大利亚登陆，并遇到了一些当地居民，即**澳大利亚土著**。他宣布这片土地不属于任何人，而是英国领土！

除此之外，我们还有其他发现吗❓

库克的航海之行标志着欧洲人地理大发现的结束。接着就进入了科学探索的时代：动物群、植物群、地质、地图绘制、天文……所有这一切都得到了人类的研究。

《我的小问题》（50册礼盒装）　适读年龄：4-8岁

简洁生动的语言，细致幽默的场景式图画，充分满足孩子的好奇心，塑造孩子的世界观。

《亲亲体育图书馆》（全13册）

适读年龄：5-8岁

给孩子的运动启蒙图画书，无须磕磕碰碰，让孩子轻松爱上运动。

《臭鼬大侦探》（全4册）

适读年龄：7-10岁

动物界的"福尔摩斯"爆笑来袭，专属于孩子的探案故事，激发孩子的无穷想象力。

Written by Céline Bathias-Rascalou, illustrated by Sandra de la Prada
Les grandes découvertes – Mes p'tites questions © Éditions Milan, France, 2020

图字：09-2021-1017号